フライパンひとつで作る！速攻レシピ101

料理・写真・文　ふらいぱんコバQ（小林キュウ）

ナツメ社

フライパン料理は食材を使った大人の箱庭遊び

僕は料理カメラマンとして、下町グルメから三ツ星レストランまで、全国各地をまわりながら、一万数千皿を撮影してきました。一番おいしい瞬間は、全て僕のカメラに食べさせてきましたが、この仕事をしていなければ、出会わなかった味も少なくありません。この本で紹介する料理は、そんな僕が考えたレシピです。プロの作る料理ではありません。門前の小僧が習わぬまま作った料理です。シェフの手元10cmまで近づいてカメラを向け、ときには怒鳴られながら対峙してきた料理シーンを、僕なりに消化して表現したのが、このフライパン料理です。なぜフライパン料理なのか?と聞かれたら、迷わず「失敗が少ないから」と答えます。それは、鍋や釜で作る料理と違って、フライパンで作る料理は、調理中の様子が見えますし、プロセスも比較的簡単なものが多いからです。そして、男子だからかもしれませんが、煮物より、焼く方がやっぱり好きです。料理上級者のように、いきなり手の込んだ料理を作るなどの野望は抱く必要はありません。一人分の料理を小さなフライパン(直径18cm推奨)で、まるで箱庭遊びでもするように、まずは、自分のために、自分の分だけ作ってみましょう。

AJINOMOTO
鮮度キープ
オリーブオイル
OLIVE OIL
どんな料理にも合う
万能タイプ
POPEYE
mizkan
味ぽん
塩分ひかえめ
つゆの素
にんべん
ごちそうスープ
辣油
七味
麺
YAKITORI
HOTEI
国内製造
100g

目次

フライパンは「余熱の効いたお皿」と考える

提案します。「フライパンは余熱の効いた皿」として使うのです。僕なりに失敗を重ねてきた結論です。料理が完成した瞬間、フライパンをそのまま食卓に運びます。皿には盛り替えません。ジュウジュウといっている料理は格段においしく感じられ、しかも冷めにくい。料理の腕前をフライパンがフォローしてくれるのです。さらにアウトドア気分を味わえます。もしお子さんがいるなら「パパの料理って、やっぱり少し違う」と思ってくれるかもしれません。また、深夜に独り飲みするとき、卓上コンロや固形燃料などを使って、調理しながらダイニングテーブルで飲むこともできます。皿に盛り替えないので、脂ぎった洗いものが一枚減るのもうれしいところです。

食材をカリッと焼くのは
もちろん天才的です

たいがいの食材は焼けばおいしくなる！というのが僕の料理の信条です。とりあえず焼いて、それでだめなら煮るか、蒸してみる。気張らず、完成シーンをイメージしながら、まるで箱庭遊びするように楽しみましょう。

どこでも調理できる
手軽さが魅力です

リモートワークで在宅時間が増えた人も多いかと思います（僕もその一人です）。朝食やランチなど、自炊する機会も増えているなら、小さなフライパンの出番です。臨機応変にダイニングテーブルでの調理もありです。

フライパンはある意味、“ワンプレート調理器”です

フライパンで食材を調理して、料理を完成させる。そして、そのフライパンを「余熱の効いたお皿」として考えるということは、すなわち、フライパンは「ワンプレート調理器」であることを意味しています。

完成したら、そのままお皿として
熱々をいただきます

この本のフライパンは直径18㎝を使用しています。このサイズだとテーブルにおいても、違和感なくなじみます。ひとり飯には最適な大きさです。ときにはスープ皿、ときには丼、ときには鉄板と変幻自在です。

フライパン料理を楽しむための道具たち

a | 18cmフライパン

直径18cmのものが一人用としてはベスト。個人的には鉄フライパンが好きですが、フッ素樹脂加工でも。

b | 蓋

蓋を使うことでフライパン料理の幅は一気に広がります。これにより、蒸し料理や燻製なども可能になります。

c | 油はね防止ネット（金属メッシュ）

フライパン料理は油料理が多く、油はねによる汚れや火傷防止にもなります。麺の湯切りにも利用します。

d | まな板

一人料理は、食材も少ないので小ぶりなサイズが◎。お気に入りのまな板があれば、料理も楽しくなります。

e | 包丁

包丁も本格的なものでなく、小さめサイズが箱庭遊び感を高めてくれます。僕はペティーナイフを使います。

f | トング

自分のお気入り道具が、料理のモチベーションを高めてくれます。トングもこだわりのものを。菜箸でもOK。

この本の使い方

・分量は１人分を基本としています。一部料理を除き、分量の具材は基本、２人分は２倍、３人分は３倍で調理できます。調味料や油などは適宜調整してください。
・フライパンは直径18cmのものを使用しています。
・計量単位は大さじ１＝15ml、小さじ１＝5ml、１カップ＝200ml、米１合＝180mlです。
・「少々」は小さじ1/6未満を、「適量」はちょうどよい量を入れること、「適宜」は好みで必要があれば入れることを示します。
・野菜類は特に記載のない場合、皮をむくなどの下処理を済ませてからの手順を説明しています。
・電子レンジは600Wを基本としています。500Wの場合は加熱時間を1.2倍にしてください。機種によって加熱時間に差があることがあるので、様子を見ながら加減してください。

1
フライパンで居酒屋つまみ

家飲みするなら
フライパンで
パパッと一品。

会社帰りに同僚と居酒屋に寄って一杯、という風景もリモートワークで少なくなってきているかもしれません。そんな家飲みが増えてきた人の強い味方がフライパンです。仕事に一段落ついた深夜にササッと一品作るのに最適な調理器具です。冷蔵庫を物色して、発見した食材を焼いてみれば、きっと何か一品できています。これが鍋料理だと、こうはいきません。例えば、肉じゃがを鍋で作ると考えてみてください。少なくとも、僕は気が遠くなってきます…。鍋料理は、湯を沸かすのに数分かかりますが、フライパンなら、その数分ですでに何かが焼き上がっています。パパッと、しかも、グラス片手で作れるのが、フライパン料理のいいところです。

写真を見れば、食材も作り方もほぼ想像できてしまうのが魅力。

長いもの目玉焼き

調理時間 7分

見た目はただの目玉焼きですが、実は違うんです。白身の部分は長いものすりおろしです。とろろ汁をはじめ、長いもと卵の相性は抜群ですが、なかなか出会う場所が限られています。たいがいは、すり鉢の中や丼ごはんの上だけです。相思相愛のはずなのに…。というとことでフライパンの上で出会わせてみました。

目玉焼きといえば朝食のイメージですが、これは酒の肴にもなるので「夜の目玉焼き」と命名しました。

材料（1人分）

- 長いも……130〜150g
- 卵黄……1個分
- しょうゆ……適量
- 刻みのり……適量
- サラダ油……小さじ1

作り方

1. 長いもは皮をむいてすりおろす。
2. フライパンにサラダ油をひいて中火にかけ、**1**を入れて焼く。
3. 長いもに少し焦げ目がついてきたら、中心に卵黄を静かにのせて火を止める。刻みのりを添え、食べる直前にしょうゆを鍋肌にたらす。

ちょっと焦がして、仕上げに鍋肌めがけて、ジュッ！っとしょうゆをたらしたら、香ばしい匂いがたまらない。酒の肴に最高です。

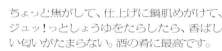

またの名を
「夜の目玉焼き」
と命名！

めざしのアーリオ・オーリオ

PART 1 居酒屋つまみ

調理時間 5分

めざしといえば、和食、そして粗食のイメージ。食材としてどこか地味ですよね。イタリアンでよく使われるアンチョビは、おしゃれな食材のイメージがしませんか？しかし、めざしもアンチョビも、カタクチイワシの塩漬けという点では共通しているんです。この差は何!?スーパーでは隅の方におかれているし…。めざしの地位向上のために立ち上がりました！めざしはおいしいうえに、栄養価も高い、そしていつだって安い！

材料（1人分）	めざし……小１串（5尾）
	にんにく（つぶす）……１かけ分
	赤唐辛子（種を取り除く）……１本分
	ローズマリー……１枝
	オリーブ油……大さじ1

作り方

1 フライパンにオリーブ油、にんにく、赤唐辛子、ローズマリーを入れて弱火にかけ、香りが立ったらめざしを加え、片面1～2分ずつ焼く。

〃に、ゆでたパスタを加えて和えたり、冷めてからアンチョビと同じようにサラダなどと和えてもおいしいです。

めざしが
おしゃれな
イタリアンに！

トマト&なすのイタリアン焼き

PART 1　居酒屋つまみ

調理時間 10分

なすの消費量が全国1位といわれている新潟県。そんな新潟県のなす畑に撮影に行ったことがあります。現地でいろいろな料理法のなすを撮影して食べ、僕は悟りました(笑)。なすは野菜界の「白ごはんだ」と。旨味もあるのに、決して無駄な主張はしてこない。だからどんな味にも優しく寄り添ってくれるし、邪魔もしない。そして飽きがこない。

今回はこのなすを、ピザ生地として使いました。これもなすのなせるワザです。

材料（1人分）

- トマト……大1/4個
- なす……小1本
- ピザ用チーズ……適量
- 水……大さじ2
- バジルの葉……適量
- オリーブ油……大さじ2

作り方

1. トマトは薄いくし形切りにし、なすは7～8mm幅の輪切りにする。
2. フライパンにオリーブ油を中火で熱し、なすを重ならないように入れて両面に軽く焦げ目がつくまで焼く。その上にトマトを並べてのせ、水を加えたら、蓋をして弱火にし、1～2分蒸し焼きにする。水けがなくなったら火を止め、ピザ用チーズをのせ、蓋をして1分ほどおく。
3. 余熱でチーズが溶けたらバジルをのせる。

チーズはちょっと多すぎ？と思うぐらいのせてOK。鍋底にあふれて少し焦げるぐらいがベストです。タバスコをふっても◎。

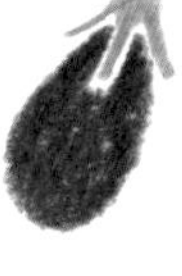

なすは万能！
今回はピザ生地
として活躍中

なすのお好み焼き

材料と作り方　　調理時間 **5**分

なす1/2本は1cm幅の輪切りにし、小麦粉適量をまぶす。フライパンにサラダ油大さじ1を弱火で熱し、なすを隙間なく並べ、なすが油を吸ったらサラダ油小さじ2を足し、両面に焦げ目がつくまで焼く。火を止め、ハケで中濃ソース適量を全面に塗り、マヨネーズ・青のり・かつお節各適量をかけ、紅しょうが適量を添える。

POINT 小麦粉と切ったなすをポリ袋に入れ、空気を入れてふると無駄がなく小麦粉がまぶせます。

マヨネーズと
ソースのコンビで
お好み焼き風！

なす好きに捧げる4品

さっぱり味で
夏の夕暮れに
似合う一品

焼きなすのみょうがのせ

材料と作り方　　調理時間 **5**分

なす1本は縦4つ割りにする。フライパンにサラダ油適量を弱火で熱し、切り口を下にしてなすを入れて焼く。焼き色がついたら裏返して皮側を焼き、麺つゆ（3倍濃縮）・ポン酢しょうゆ各大さじ1/2を加えてさっと炒め絡め、みょうが（小口切り）1本分、かつお節適量をのせる。

POINT さっぱりと食べたいときは、このレシピ！みょうがの存在感がじわじわ迫ってきます。

焼きなすの焦がししょうゆ

材料と作り方　　調理時間 **5**分

なす1/2本は6～7mm幅の輪切りにする。フライパンに油をひかずになすを重ならないように入れ、弱火で両面じっくり焼く（なすは水分が多いので油なしでも焦げない）。焦げ目がついてきたら、しょうゆ適量を回しかけ、火を止めてかつお節適量をのせる。

POINT かつお節はたっぷりとかけるのがおすすめです。熱々で食べてください。冷めるとおいしさ半減なので要注意！

香ばしい
しょうゆの風味が
たまらない

なすのピリ辛風味

材料と作り方　　調理時間 **5**分

なす1本は縦4つ割りにする。フライパンに油をひかずに切り口を下にしてなすを入れ、中火にかけて焼く。焦げ目がついたら、裏返して火を止める。万能ねぎ（小口切り）適量、赤唐辛子（小口切り）1本分、ごま油大さじ1、麺つゆ（3倍濃縮）大さじ1、すりおろしにんにく大さじ2/3（チューブでも可）を混ぜ合わせ、なすにかける。

POINT なすは動かさずにじっくり焼き目をつけると、焼きなす感が増します。

万能ねぎを
にらに代えても
おいしい！

ズッキーニの酒盗のせ

調理時間 **5**分

　妻が酒盗を買ってきました。妻の実家では常備されていたようですが、僕には未知の食材。そもそも「酒を盗む」って何？僕は酒は飲まないけれど、一口食べてみました。お、これは和製アンチョビと言っていいのではないか。何か調味料として使える気がしたので、冷蔵庫にあったズッキーニを輪切りにして、ちょこんとのせてみました。すでに塩味がしっかりついているから、他の調味料は一切いらないところが素晴らしいですね。

材料（1人分）
- ズッキーニ……1/3本
- オリーブ油……大さじ2
- 酒盗・粗びき黒こしょう・レモン汁……各適量

作り方
1. ズッキーニは1cm幅の輪切りにする。
2. フライパンにオリーブ油を弱火で熱し、**1**を入れて蓋をし、両面蒸し焼きにする。
3. **2**に酒盗をのせ、粗びき黒こしょうをふり、レモン汁をかける。

POINT

酒盗の代わりに、いかの塩辛でもおいしいですし、辛子明太子でもかなりいけます。思いついた肴系を何でものせてみてください。

酒盗の
塩けで味つけ
簡単！

バターと
ベーコンで
濃厚！

エリンギは蒸すと最高においしい食材です。普通に蒸すだけではつまらないので、ベーコンの脂とバターでギトギトに責めてみました。しょうゆをたらして召し上がれ。

エリンギの蒸し布団責め

材料（1人分）

ベーコン……1枚
エリンギ……大1本
しょうゆ……適量
バター……10g

作り方

1 ベーコンは半分の長さに切る。フライパンを弱火で熱し、油をひかずにベーコンを入れてカリカリになるまで焼き、一度取り出す。

2 **1**のフライパンにバターを入れ、縦半分に割いたエリンギを軽くソテーし、**1**のベーコンをのせて、食べる直前にしょうゆを数滴たらす。

調理時間 **6**分

POINT

きのこは火が通りやすいので、パパッと作りたいときにおすすめ。エリンギ以外にも、えのきやしめじ、舞茸などのバリエーションも試してみてください。

ベーコンの脂身とマヨネーズの油のダブルオイル・コンビネーション。男子好みのこってり味を目指しました。このままオンザライスで丼風にしても美味。好みでしょうゆを数滴たらしても。

かつお節の
風味が
よく合う

カリカリ
ベーコンの
マヨ節焼き

材料（1人分）　ベーコン……1～2枚
マヨネーズ・かつお節……各適量

作り方
1　ベーコンは食べやすい大きさに切る。
2　フライパンに油をひかずに**1**を入れ、弱火でカリカリになるまで両面焼き、マヨネーズをかけ、たっぷりのかつお節をのせる。

調理時間 **4** 分

POINT

このレシピを見た妻はあきれていました。「二十歳じゃないんだから、カロリー考えて」と。でも男子なら分かってくれるはず。

揚げないちくわ天

調理時間 **6**分

男子に限らずだと思うのですが、揚げ物はハードルが高すぎる気がします。調理後の油の処理にも悩んだり…。
　北海道の屋台で飲んでいたとき、つまみで出てきた一品からヒントを得ました。狭い屋台の調理場ではフライパンで作れる調理法が好都合。油は少量で済むし、調理時間も短縮できます。粉をまぶすのにボウルは使いません。これは登山やキャンプ時代に覚えた技。青のりがどこか磯の香りを感じさせてくれます。

材料（1人分）

ちくわ……2本

A
- 小麦粉・水……各大さじ2
- 青のり・マヨネーズ……各小さじ1

七味唐辛子……少々

しょうゆ……少々

サラダ油……大さじ1

作り方

1 ちくわは縦半分に切る。

2 ポリ袋に**A**を入れ、揉みながらよく混ぜて衣を作る。**1**を1本ずつ加え、袋を揉みながら衣をつける。

3 フライパンにサラダ油を弱火で熱し、**2**を入れて両面を炒め、火を止める。七味唐辛子をふり、しょうゆをかける。

POINT

しょうゆはちくわの溝部分にかけるとしっかり味がつき、裏返してかけると鍋底にこぼれて焦がししょうゆになり、香りが立ちます。

揚げ物が
面倒という
あなたに

ベーコンで
ボリューム
アップ！

インド旅行のときによく食べたサブジ（野菜のスパイス炒め煮）。じゃがいものサブジが一番好きでしたが、野菜だけでは少し物足りず、僕流にアレンジしてベーコンを入れ、味も優しく仕上げました。

ポテト＆ベーコンのカレー風味

材料（1人分）

- じゃがいも……1個
- ブロックベーコン……100g
- カレー粉……小さじ1/2
- 塩・こしょう……各少々
- 中濃ソース……小さじ1/2
- サラダ油……小さじ1

作り方

1 じゃがいも、ベーコンは7mm四方の棒状に切る。

2 フライパンにサラダ油を弱火で熱し、**1**を入れ、塩、こしょうをふってじっくり炒める。

3 じゃがいもがしんなりし、ベーコンにしっかり焦げ目がついたら、カレー粉を加えてさっくりと混ぜ、ソースを加えて絡める。

調理時間 **7**分

POINT

クミンシード、ガラムマサラなどを適量加えると、インド風に近づきます。逆にカレー粉を減らしてにんにくを入れると、ジャーマンポテト風に味の方向転換が可能です。

かつお節を
のせて
風味よく

お好み焼きにすりおろした長いもを入れるように少し焦がすと、この食材の魅力がぐっと増します。さらにしょうゆも焦がせば、立ち上がる香りだけでごはん一杯食べられるような気さえしてきます。

焦がししょうゆの長いも焼き

材料（1人分）
- 長いも……130〜150g
- 万能ねぎ……適量
- かつお節・しょうゆ……各適量
- サラダ油……小さじ2/3

作り方

1. 長いもは皮をむいてすりおろし、サラダ油をひいたフライパンに流し入れ、弱火にかける。
2. 万能ねぎは小口切りにする。
3. **1**がふつふつして少し焦げてきたら火を止め、**2**、かつお節のせ、しょうゆをひと回し加える。

調理時間 **10**分

POINT

酒の肴はもちろんですが、オンザライスして食べるのもおすすめです。味変したい場合は、しょうゆの代わりに麺つゆでも美味。

月見焼ききつね

調理時間 5分

あるとき、卵黄を最もきれいに撮るにはどうすればいいか?と悩んだことがありました。僕なりの正解は「青じその上において撮る」でした。では青じそは何の上におくのが美しいか?その一つは確かに油揚げだと思います。では油揚げは何の上に?その一つがフライパンです。

　職業柄でしょうか、まずは見た目から生まれるレシピって意外に多いです。不思議なことですが、見た目が決まれば、たいがい味も決まります。

材料（1人分）

- 油揚げ……1枚
- 玉ねぎ……1/4個
- 青じそ……1枚
- 卵黄……1個分
- ポン酢しょうゆ……小さじ2
- かつお節……適量
- ごま油……小さじ1

作り方

1. フライパンにごま油を弱火で熱し、油揚げを入れて両面焦げ目がつくまで焼く。
2. 玉ねぎは薄切りにしてから水にさらし、水けをきったら、ポン酢しょうゆ、かつお節と和える。
3. **1**の火を止め、油揚げに青じそ、卵黄を順にのせ、**2**を添える。

今回は油揚げを切らずにそのままのせましたが、食べやすい大きさに切ってから焼くのもグッド。卵黄とよく絡みます。

香ばしい油揚げと
卵黄の
コンビネーション

焼いて
パリッとした
生地に！

油揚げをフライパンで焼くのは、僕の学生時代からの習慣です。では上に何をのせるか?そこはシアン、マゼンタ、イエローの三原色＋フライパンの黒という4色印刷（CMYK）のセオリーで。

三色きつね

材料（1人分）　油揚げ……1枚
おろししょうが・練りわさび・七味唐辛子・しょうゆ……各適量

作り方

1 油揚げを横3等分に切る。

2 フライパンに油をひかずに**1**を入れ、弱火で両面こんがりと焼く。

3 **2**にしょうが、わさび、七味唐辛子を1種類ずつのせ、しょうゆをたらす。

調理時間 **5**分

POINT

しょうがとわさびは、チューブのものでOKです。しょうがをマヨネーズ、わさびを柚子こしょうに代えて味変しても楽しい。

カリカリの
あられが
アクセント

学生時代、キャンプ生活で困ったときはお茶漬けの素を何にでもかけていました。その習慣が今も抜けません。

厚揚げのお茶漬けがけ

材料（1人分）
- 厚揚げ……2/3丁
- お茶漬けの素（市販）……1/3食分
- 湯……100ml
- サラダ油……小さじ1

作り方

1 厚揚げを1.5cm幅に切り、ペーパータオルで水けを拭き取る。

2 フライパンにサラダ油を弱火で熱し、**1**を入れて両面に焼き目がつくまで焼く（油がはねる場合は蓋をして焼く）。

3 **2**に湯を加え、お茶漬けの素をかけて、箸で裏返すなどして全体に味をなじませながらいただく。

調理時間 **5**分

POINT

とりあえず、お茶漬けの素は常にストックしておくと便利です。そして困ったときに、とりあえずふりかけてみるのです。

手羽先の照り焼き

PART 1　居酒屋つまみ

調理時間 15分

料理写真家にとってのプレッシャーの一つに「照り焼き」を撮ることがあります。照り焼きなのに、うまく照りが撮れていないと、思い切り焦ります。「オレは照り焼きって名乗ってるんだぞ。それを撮れないなんてお前は失格だ！」と目の前の照り焼き料理に言われているぐらい焦ります。だからと言って思い切りテカらせると今度はわざとらしくて嫌味な写真になってしまう。自然なテカリ具合って実に難しいです。

材料（1人分）

鶏手羽先……3本

A
- しょうゆ・酒……各大さじ1
- 砂糖……大さじ1/2
- おろししょうが・おろしにんにく……各小さじ2

サラダ油……小さじ1/2

作り方

1. 手羽先はフォークで数か所刺し、ポリ袋に入れる。**A**も加えて軽く揉み、味をなじませる（時間があれば15〜30分おくと、さらにおいしい）。
2. フライパンにサラダ油を中火で熱し、**1**の手羽先を皮目から入れ、両面に焦げ目がついたら弱火にし、蓋をして火が通るまでじっくり焼く。

POINT

写真のように手羽を隙間なく並べると効率的に焼ける気がします。自分ではしゅりけんスタイルと呼んでいます。

しょうがと
にんにくが効いて
ヤミツキに

ひとり湯豆腐

調理時間 6分

娘が小学生の頃、毎年年末に2人で京都に出かけていました。あえて妻は留守番です。母娘は何歳になっても旅行できますが、父娘はなかなか難しいからです。湯豆腐のお店「奥丹」に初めて訪れたのは、娘が小学2年生のとき。このときに娘が湯豆腐に目覚め、翌年からは京都に着いたら一番に目指す場所となりました。寒い日に店内で、小さな鍋を囲む大人たちの姿がかわいくも見えました。自宅でもその旅を思い出しながら。

材料（1人分）

- 豆腐（絹でも木綿でもOK）……1/2丁
- 水……適量
- 和風だし（顆粒）……小さじ1/8〜1/6
- つゆ｜ポン酢しょうゆ・かつお節・おろししょうが……各適量
- 万能ねぎ……適量

作り方

1. フライパンに深さ半分ほどの水、和風だしを入れ、食べやすい大きさに切った豆腐を加える。
2. 耐熱の器につゆの材料を入れて器ごと**1**に入れ、蓋をして弱火で豆腐が温まるまで加熱する。仕上げに小口切りにした万能ねぎを散らす。

POINT

理想は、旅館のように固形燃料を使ってテーブルでゆっくり味わいたいです（P108参照）。

冬の長い夜の
特別な時間

たたききゅうりの
ピリ辛炒め

材料と作り方　調理時間 **5**分

きゅうり1本はめん棒などで叩き、食べやすい大きさに割る。フライパンにごま油適量を弱火で熱し、きゅうり、赤唐辛子(小口切り)1/2本分を入れて炒める。しんなりしてきたら、焼き肉のタレ大さじ1を加え、炒め絡める。味をみて薄いようなら、しょうゆ適宜で味をととのえ、白炒りごま適量をふる。

POINT 赤唐辛子の代わりに、キムチ50gほどを刻んで入れてもおいしいです。

焼肉の
タレを使って
味つけ簡単

ねぎのレア感を
たっぷり味わう

ねぎの余熱焼き

材料と作り方　調理時間 **5**分

長ねぎ2本は小口切りにし、桜えび適量とよく混ぜ合わせる。フライパンに油をひかずに中火にかけ、手をかざして熱くなるまで熱する(鉄フライパンの場合は少し煙が出てくるまで)。フライパンの火を止め、サラダ油大さじ1をひき、混ぜ合わせた長ねぎと桜えびを入れて広げ、麺つゆ(3倍濃縮)小さじ1・1/2を加えて余熱のみで焼く。好みで七味唐辛子適宜をふる。

POINT ふりかけ代わりにオンザライスが最高。フッ素樹脂加工のフライパンは過度な加熱にご注意ください(P42参照)。

ピリ辛なすときゅうり

きゅうりとなすの食感を楽しんで

材料と作り方　　調理時間 **5**分

なす1本ときゅうり2/3本は縦4つ割りにし、食べやすい長さに切る。にんにく1かけは薄切りにする。フライパンにサラダ油大さじ2、にんにくを入れて中火で熱し、香りが立ったらなす、きゅうり、赤唐辛子（小口切り）1/2本分を加えて炒める。しんなりしたら麺つゆ（3倍濃縮）・みりん各大さじ1、酒小さじ1を加えて混ぜ、1～2分炒める。

POINT きゅうりから水分が出て、全体の味をまろやかにしてくれます。冷蔵庫で冷やしても美味。その場合は、味を少し濃いめにして。

たくあんのピリ辛炒め

おなじみの味が新鮮な味わいに

材料と作り方　　調理時間 **5**分

たくあん漬け長さ5～6cmは、細切りにする。フライパンにごま油小さじ1を弱火にかけ、たくあん、赤唐辛子（小口切り）1/3本分を入れて2～3分炒める。

POINT 妻の実家で出会ったどこか懐かしくて不思議な味。これは一体なに？と妻に聞くと、たくあんを炒めたものだという。「よくおばあちゃんが作るの」。味覚の世界は広い！

Column

フライパンで楽しむ燻製

燻製というと、キャンプをイメージしたり、難しそう…と思う人も多いと思いますが、家でも簡単に作れます。スモークチップがあれば、あとは身近な材料で作れるので、気軽にチャレンジしてみてください。

板つき燻製かまぼこ

BBQにシダーグリルプレートという杉板などの上に食材をおいて熱燻する調理法があります。かまぼこの板をそのまま使って強引にフライパンで再現してみました。

材料と作り方　調理時間 **12**分

かまぼこ（板つき）1本は表面の水けをペーパータオルで拭き取る。フライパンにアルミホイルを敷いて、板つきのままかまぼこをおき、周りにスモークチップ2つまみを散らす。蓋をして強火にかけ、煙が出てきたら弱火にし、5分ほど燻す。火を止め、蓋をしたまま5分ほどおいて、香りづけする。

POINT スモークチップなしでも燻製できますが、あるとより効率的です。

燻製調理には必ず鉄素材など、空焚き可能なフライパンを使用し、フッ素樹脂加工のものは使用を避けてください。表面加工が剥がれたり、有毒ガスが発生することがあります。

うずら卵の燻製

鶏卵は少し時間がかかりますが、うずら卵は小さい分手軽にできます。しかもうずら卵は水煮が売っているので、これを使えばさらに時短になります。

材料と作り方　　調理時間 **12**分

うずら卵(水煮)10個は、ペーパータオルで水けを十分に拭き取り、爪楊枝に2個ずつ刺す。フライパンにアルミホイルを敷き、スモークチップ2つまみを散らし、丸網をおく。うずら卵をのせ、蓋をして強めの中火にかける。チップから煙が出てきたら弱火にし、10分ほど燻す。火を止め、蓋をしたまま粗熱が取れるまでおく。

POINT 爪楊枝に刺さなくてもOKですが、刺すとどこかピンチョス気分でお酒が進みます。

手軽に
ピンチョス
気分で

干物は
燻製の
味方です

めざしの燻製

めざしは適度に水分が飛んでいるうえ、すでに塩味がついているので、あとは燻すだけで実に手間いらず。飽きのこない味です。

材料と作り方　　調理時間 **12**分

フライパンにアルミホイルを敷き、スモークチップ2つまみを入れ、丸網をおき、めざし(またはししゃも)小1串(5尾)をのせる。蓋をして強火にかけ、煙が出てきたら中火にし10分ほど燻す。火を止め、蓋をしたまま5分ほどおいて、香りづけする。

POINT 魚同士の身が、なるべく触れ合わないように少し離すとよく燻されます。

Column

燻製を楽しむための道具たち

燻製を最も簡単にできる調理器具といえば、間違いなくフライパンです。スモークチップも100均やホームセンターで手に入ります。樹種によって香りも違いますが、まずはスタンダードなサクラから試してみましょう。注意点は、アルミホイルを敷いてからチップをのせること。ホイルなしでもできますが、大切なフライパンが樹脂などで焦げてしまいます。蓋はなるべく隙間がなくドーム形のものを選ぶと、食材をおく空間を稼げます。網が小さいと底面に近づきすぎて、燻す前に焼き色がついてしまうので、ぴったり合うサイズを探しましょう。

2

フライパンで
朝・昼・夜ごはん

フライパンで
ごはんを作ろう
朝・昼・夜

リモートワークが慣れてきた頃に、最初にぶつかる壁は、毎日の食事をどうするか問題です。外食やデリバリーに頼ってばかりもいられません。自分でも何か作ってみようという意識改革が必要です。とはいえ、仕事をしていると、凝った料理を作ることも難しい。目指すのはあくまで平日にラクに作る料理です。ここで、直径18㎝のフライパンの登場です。時間がない朝も、フライパンひとつで完結できます。ちょっとしたおかずとスープにパンやごはんを添えれば、おしゃれなランチにもなります。仕事が終わったあとの夜には、すき焼きやステーキなど、自分へのご褒美気分を味わえますし、夜食にもぴったりです。フライパンは毎日の食事作りの救世主なのです。

直径18cmフライパンがあれば、朝、昼、夜の食事作りも簡単です。

ド定番のキャンプの朝ごはん

PART 2　朝ごはん&ランチ ワンプレート

調理時間 **5**分

アウトドアの歴史的名著「バックパッキング教書」（S・アンダーソン、田渕義雄共著）に出会ったのは高校1年の春休み。そこから僕は、一気に山にのめり込みました。幸運にも実家は八ヶ岳山麓。なので週末のたびに山に入りました。

アメリカにあるジョン・ミューア・トレイルをいつか歩いてみたいと思い描いた少年が、実家のキッチンで理想の朝食として作ったのがこのレシピです。これを作るたびに高校時代を思い出します。

材料（1人分）

- ベーコン……1～2枚
- 卵……1個
- ローズマリー……1枝（あれば）
- バゲット（スライス）……1～2枚
- サラダ油……小さじ1

作り方

1 フライパンに油をひかずにベーコンを入れ、弱火でカリッとするまで焼く。

2 ベーコンを端に寄せてサラダ油をひき、中火にして卵を割り入れ、ローズマリーを添える。焼けたらトーストしたバゲットをのせる。

自宅でバゲットを焼く場合は、トースターで上品に焼かずに、ガス火に直接かざしてあぶった方が、よりワイルド感が出せます。

ローズマリーで
香りよく！

エッグトマトスープ&バゲット

調理時間 7分

イタリアのトスカーナを旅していたとき、路地裏の居酒屋で出てきたトリッパ（ホルモン）のトマトソース煮込み。こんな食べ方があるのかと感動を覚えました。ただ、実際作るとなると僕には到底無理なので、超簡略&アレンジで卵のみを落とし、脳内で旅の記憶スイッチを入れています。

　トマト缶のストックがあれば、とりあえず何か食べたいというときに速攻で作れるレシピ。トマトの酸味が目覚めのいい刺激になってくれます。

材料（1人分）

A
- カットトマト缶……100g
- 水……100ml（トマト缶と同量）
- にんにく（薄切り）……1かけ分
- コンソメスープの素（顆粒）……小さじ1
- 塩……少々

卵……1個
オリーブ油（できればEX）・こしょう……各適量
バゲット（スライス）……1～2枚

作り方

1 フライパンに**A**を入れて中火にかけ、沸騰したら卵を割り入れ、さらにひと煮立ちさせる。

2 **1**の火を止めて蓋をし、1～2分蒸らす。オリーブ油をひとたらしして、トーストしたバゲットを添える。好みでこしょうをふる。

バゲットは、スープを作る前にから焼きのフライパンで焦げ目をつけてもOK。個人的にはガス火でワイルドにあぶるのが好きです。

ブランチや
夜食にも
ぴったり！

忙しい朝や
準備が面倒な
ときの定番

パリのアパルトマンで1週間自炊したことがあります。バゲットを買い込み過ぎて、この食べ方を考えました。

オニオンスープ&バゲット

材料（1人分）

- 玉ねぎ……1/2個
- 卵……1個
- にんにく（つぶす）……1かけ分
- 塩・粗びき黒こしょう……各適量
- 水……1カップ
- コンソメスープの素（顆粒）……小さじ1弱
- オリーブ油……大さじ1
- バゲット（スライス）……1～2枚

作り方

1 玉ねぎは薄切りにする。

2 フライパンにオリーブ油、にんにくを入れて弱火にかけ、香りが立ったら**1**、塩を加え、中火でしんなりするまで炒める。水、コンソメスープの素を加え、煮立ったら卵を割り入れ、蓋をして弱火にし、白身が固まり始めるまで加熱する。粗びき黒こしょうをたっぷりとふり、トーストしたバゲットを添える。

調理時間 **7**分

POINT

日々、乾燥していくバゲットもおいしく食べられます。帰国してからは、バゲットの代わりに焼きおにぎりを投入して食べたのですが、結構いけました。

イタリアンのお店で撮影中、シェフがまかないで作っていた料理を、目だけで盗んで自分なりに再現してみました。

シーフード
ミックスで
簡単調理

シーフードのトマト煮＆バゲット

材料（1人分）

- トマト……1個
- シーフードミックス（冷凍）……100g
- にんにく（つぶす）……1かけ分
- 塩……少々
- オリーブ油……大さじ1＋適量
- バゲット（スライス）……1〜2枚

作り方

1. トマトは湯むきしてから、粗みじん切りにする。
2. フライパンにオリーブ油大さじ1、にんにくを入れて弱火にかけ、香りが立ったらシーフードミックスを加えてさっと炒める。トマト、塩を加えて蓋をし、8分ほど蒸し煮にする。
3. **2**の蓋を取り、トーストしたバゲットを添え、オリーブ油を適量たらす。

調理時間 **10**分

POINT

シェフのその日の気分によって、バゲットがパスタになることもあるらしい。ちなみにシェフはシチリアで修業をしていたとのこと。以上、現場からの報告でした。

ケチャップ焦がしのホットドッグ

PART 2　朝ごはん&ランチ ワンプレート

調理時間 **8**分

焼きそばパンをはじめ、いわゆる「お惣菜パン」は微妙な立場です。本当のパン好きには相手にされない節もあるし…。でも僕は惣菜パンが大好きです。好きなものを挟む、これは実に正しい行為です。

パンに具を挟むだけでできるホットドッグは、はたして料理と言えるだろうか？ という疑問もありますが、フライパンにのせて加熱すれば、これはもう堂々たる料理。しかも、フライパンが皿代わりなので、いつまでも熱々です。

材料（1人分）

- フランクフルトソーセージ……1本
- ドッグパン……1本
- キャベツ……1/4枚
- 焼肉のタレ……小さじ2
- サラダ油……小さじ1
- マスタード（またはマヨネーズ）・トマトケチャップ……各適量

作り方

1 ソーセージは包丁で斜めに切り目を入れる。キャベツはせん切りにする。

2 フライパンにサラダ油を弱火で熱し、ソーセージを軽く炒め、キャベツ、焼肉のタレを加えてキャベツがしんなりするまで炒め、一度取り出す。

3 ドッグパンに**2**を挟み、フライパンにのせ、パンの底面が焦げるまで弱火で焼く。マスタード（またはマヨネーズ）、ケチャップをかけて火を止める。

ケチャップをあえて鍋底にこぼれるようにたっぷりとかけます。ジュージューいうところが、けなげに料理感を演出！

なんてことは
ないけど、
癖になります

オープンオムライス

調理時間 10分

僕はケチャップ偏愛者です。オムライスももちろん大好きです。薄焼き卵にくるりと包まれ、さらにそこにとどめのケチャップ。ああ、悶絶です。だけどここで問題が一つ。僕には美しく、ごはんを薄焼き卵で包む腕がありません。一度挑戦しましたが、かなり残念なことに…。自分は素敵なオムライスが作れない、と思っていましたが、開き直りました。最初から包まなければいい。できないことはしない、が料理のマイルールです。

材料（1人分）

- 温かいごはん……茶碗1杯分
- ベーコン……1/2枚
- 卵……1個
- 玉ねぎ……1/4個
- トマトケチャップ……大さじ2
- 塩・こしょう……各少々
- バター……10g
- 乾燥パセリ……適量

作り方

1 ベーコンは1cm幅に切る。玉ねぎはみじん切りにする。

2 フライパンにバターを弱火で熱し、**1**を入れてしんなりするまで炒める。ごはん、ケチャップを加えて炒め合わせ、塩、こしょうをし、よく炒める。

3 **2**の火を止め、溶き卵をごはんの周りに回し入れて余熱で火を通し、パセリをふる。

食べる直前の追いケチャップもおすすめ。チューブから絞り出したばかりのものは酸味が強いので、微妙な味の違いが楽しめます。

包むのが苦手なら
包まなければ
いいのです

ナポリタンの具だけ

調理時間 10分

ケチャップ偏愛者が辿り着く先は、やはりナポリタンです。しかもイタリアンのパスタ専門店でなく、やはり喫茶店のナポリタン。
　あるとき、家でいつものようにナポリタンを作っていると、途中でスパゲッティの買いおきがないことが判明しました。でも気持ち的にはもう後戻りできません。衝動を抑えきれず、せめて具だけでも、しかもウインナー多めで、ということで。卵部分はケチャップをかける土台です。

材料（1人分）
- ウインナー……3本
- ピーマン……1/2個
- 玉ねぎ……小1/2個
- 卵……1個
- トマトケチャップ……大さじ1
- バター……10g

作り方
1. ウインナーは輪切りにする。ピーマンは細切りにし、玉ねぎは1cm幅のくし形切りにする。
2. フライパンにバターを入れて弱火で溶かし、**1**を入れて中火で炒める。火が通ったらケチャップを加えてさっと混ぜる。
3. **2**を弱火にして具材を中心に寄せ、溶いた卵を具材の周りに流し入れ、好みのかたさになるまで焼く。

ケチャップ好きなら当然、食べる直前に追いケチャップを卵部分に思い切りいっちゃってください。ここはケチャップ平原です。

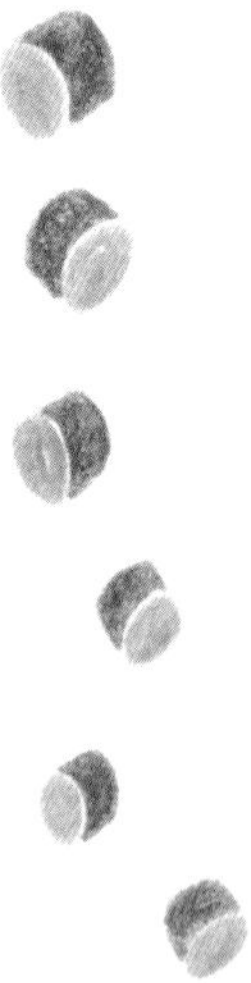

ケチャップ×卵は
鉄板の味方です！

とろ〜り
チーズが
たまらない

フライパン料理は究極、目玉焼きに始まり、目玉焼きに終わると思っています。とろけるチーズをかけるだけで別物になるのが不思議。しょうゆがいい仕事をしてくれます。

とろける チーズの 目玉焼き

材料（1人分）　卵……1個
ピザ用チーズ・しょうゆ……各適量
オリーブ油……小さじ1

作り方
1 フライパンにオリーブ油を弱火で熱し、卵を割り入れる。
2 **1**の卵が半熟になったらピザ用チーズを散らし、しょうゆをたらす。

調理時間 **5**分

POINT

おそらくこの本の中で、一番失敗する可能性が低い料理なのではないでしょうか。料理初心者さんにもおすすめの一品！

イタリアンのいいところは肩ひじ張らないところだと思います。フレンチに比べて自己流アレンジがしやすい気がするので、イタリアンの懐の深さにとことん甘えて。

そのまま食べても、
パンにのせても

イタリア風チーズエッグ

材料（1人分）

- ベーコン……1/2枚
- ミニトマト……2～3個
- 卵……1個
- ピザ用チーズ……適量
- にんにく（つぶす）……1かけ分
- オリーブ油……小さじ2
- バジル……2～3枚

作り方

1. ベーコンは1cm幅に切り、ミニトマトは薄い輪切りにする。
2. フライパンにオリーブ油、にんにくを入れて弱火で熱し、香りが立ったら溶き卵を流し入れ、ミニトマト、ベーコンを散らし、蓋をする。卵がかたまったら、ピザ用チーズをたっぷりとのせて再び蓋をし、チーズが溶けるまで加熱し、バジルをのせる。

調理時間 **6**分

POINT

このまま食べてももちろんOKですが、温かい白ごはんの上にのせて丼風にしてもおいしいです。そのときは、しょうゆを少したらすと、味がまとまります。

旨味と酸味を
丸ごと味わう

旨味成分を豊富に含む野菜、それがトマト。そして酸味も捨てがたい。ということで両者を味わえる一品を目指しました。ダメ押しでコンソメも加えました。

丸ごとトマトのコンソメスープ

調理時間 **10**分

材料（1人分）

- トマト（横半分に切ったもの）……1/2個分
- 玉ねぎ……1/2個
- ベーコン……1枚
- にんにく（つぶす）……1かけ分
- A
  - 水……250ml
  - コンソメスープの素（顆粒）……小さじ1
- 塩・こしょう……各少々
- オリーブ油……小さじ2

作り方

1. 玉ねぎは7mm幅に切る。ベーコンは1cm幅に切る。
2. フライパンにオリーブ油を弱火で熱し、にんにく、**1**を入れて炒める。しんなりしたら、断面を下にしたトマト、**A**を加え、蓋をして5分ほど煮る。塩、こしょうで味をととのえる。

POINT

トマトを少しずつくずしながら食べてください。トマトはレアな状態がおすすめ。酸味と旨味のコンビネーションが楽しめます。

煮込んだロールキャベツっておいしいですよね。でも、かなり面倒。正直、僕には無理です…。ということで、キャベツだけじっくり焼いてから、ゆでてみた一品。

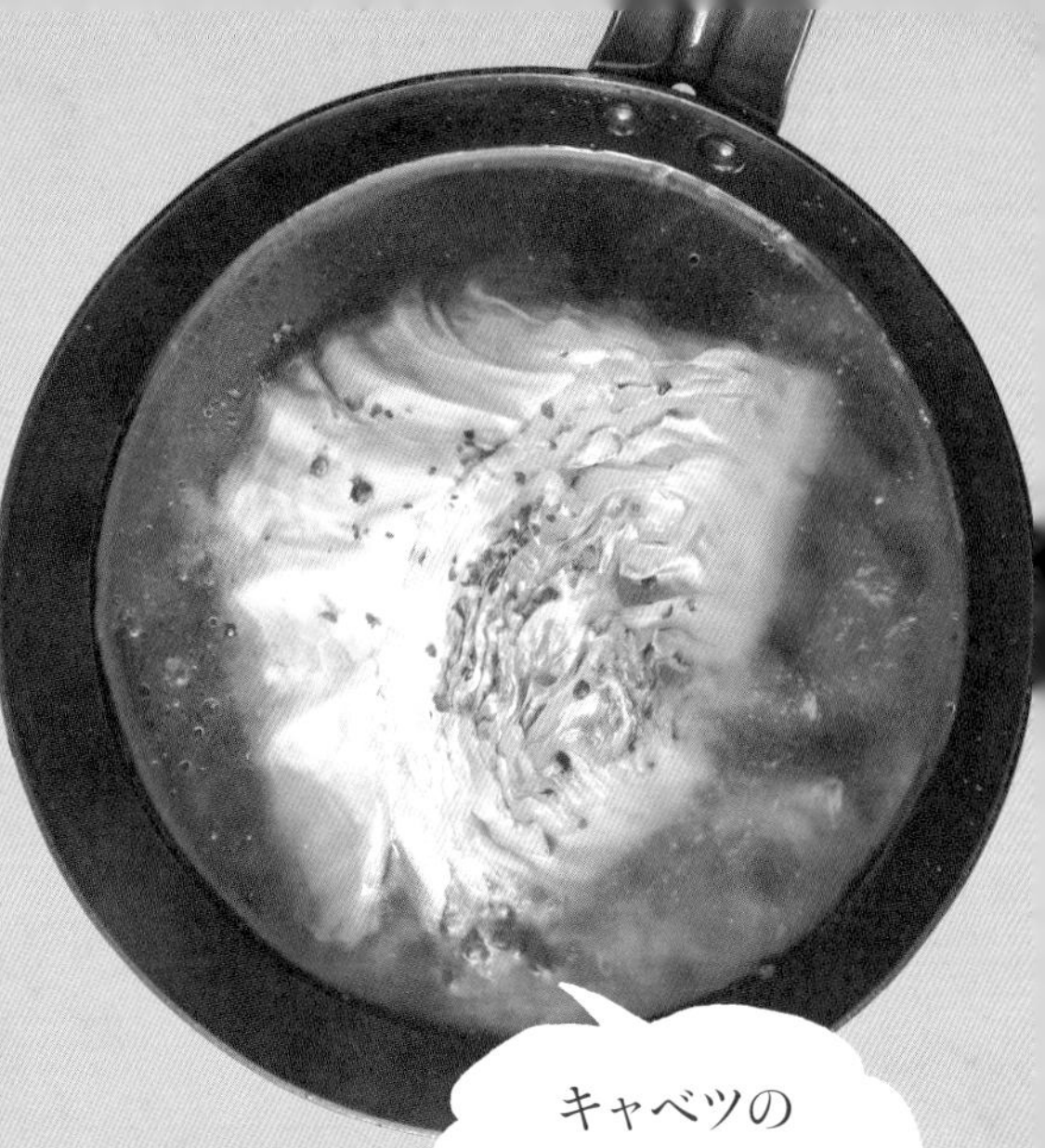

キャベツの
優しい甘味が
うれしい

キャベツのスープ

材料（1人分）

キャベツ……1/8個

A
- 水……250～300ml
- コンソメスープの素（顆粒）……小さじ1/2

塩……少々

オリーブ油……適量

レッドペッパー……適宜

作り方

1 フライパンにオリーブ油を弱火で熱し、キャベツを入れて軽く塩をふり、両面じっくり焼く。

2 1にAを加え、キャベツに火が通るまで煮る。塩で味をととのえ、好みでつぶしたレッドペッパーをふる。

調理時間 10分

POINT

アレンジで、キャベツの隙間にベーコンを挟み込んでも美味。フォークとナイフで豪快に食べるのがベストな選択です。

料理撮影で気づいたことの一つ。蒸し野菜のいいところ、それはただ蒸しただけなのにどこか洒落て見えるところです。費用対効果が一番大きい調理方法だと思っています（それだけに塩にはこだわりたい）。

シンプルだけど
おしゃれな
一品に

彩り蒸し野菜

調理時間 17分

材料（1人分）

- かぼちゃ……1/12個
- にんじん……3～4cm
- ブロッコリー……3～4房
- かぶ（縦半分に切ったもの）……1/2個分
- さやえんどう……2枚
- 水……適量
- こしょう……少々
- 岩塩（なければ普通の塩）……適量

作り方

1 かぼちゃ、にんじん、ブロッコリーは一口大に切る。

2 フライパンに**1**、かぶ、さやえんどうを入れ、野菜が2/3ほど隠れる量の水を加え、蓋をして弱火で10～15分ほど蒸し焼きにする。焦がさないように注意し、水分がなくなったら火を止める。

3 **2**にこしょう、岩塩（やや多め）をふる。

POINT

カメラマン的に言うと、赤、黄、緑の配色さえそろっていれば、あとはなんとかなります！この3色の野菜を盛り込めば、簡単におしゃれなおかずが完成。

信州の実家は兼業農家で、大量にじゃがいもを作っていました。おやつ代わりに母親がよく作ってくれたのがこれ。ナイフで切ってフォークで食べれば、ちょっとした洋食気分に。

農家のおやつ。素朴な味

じゃがいものガレット

材料（1人分）

じゃがいも……1個
小麦粉……小さじ2
ピザ用チーズ……30g
ハーブ塩（なければ塩）……少々
サラダ油……小さじ2

作り方

1 じゃがいもは皮をむいて、7～8mm四方の棒状に切ってボウルに入れ、小麦粉、ピザ用チーズ、ハーブ塩を加えてざっくり混ぜる。

2 フライパンにサラダ油をひいて**1**を流し入れ、フライ返しなどで平らに伸ばし、弱火にかけてじっくりと焼く。焦げ目がついたら裏返し、同様に焼く。

調理時間 10分

お好みでトマトケチャップをかけて食べたり、塩を少し減らして、バターをのせて食べてもおいしいです。味つけでいろいろと楽しめます。

ひとりすき焼き

調理時間 12分

すき焼き！なんと甘美な響きでしょうか⁉大勢でグツグツした鍋を囲むのも楽しいですが、個人的にはいつも内心穏やかではないのです。理由は自分が狙っていた具を誰かが持っていってしまうんじゃないかという不安。牛肉はもちろんですが、むしろショックが大きいのはしっかり味の染みたねぎを持っていかれたとき。片隅に一つ残っていたねぎ…。誰も気づいていないと思っていたのに。でも、これならもう心配はいりません。

材料（1人分）

牛すき焼き用肉……100g
春菊……1/4袋
長ねぎ……2/3本
焼き豆腐……1/4丁
卵黄……1個分

A 水……大さじ2
しょうゆ・砂糖・みりん……各小さじ2

サラダ油……適量

作り方

1 春菊、長ねぎは4cm長さに切り、焼き豆腐は3等分に切る。

2 フライパンにサラダ油を中火で熱し、長ねぎを入れて焦げ目がつくまで焼く。牛肉を広げて入れて焼き、**A**を加えて1〜2分煮る。水分が足りない場合は、水を適量（分量外）加える。

3 **2**に春菊、焼き豆腐を加え、火が通ったら、火を止め、真ん中に卵黄を落とす。

グツグツいわせながら食べたいときは、一人用の固形燃料を使うと味も気分も盛り上がります（P108参照）。

好きな具材を
好きな分だけ
堪能できる

鍋焼き餅

その料理を食べると、自分の人生のワンシーンを思い出すことってないでしょうか？　僕にとってはこれがその一つです。学生時代の下宿でよく作りました。換気扇がない半畳のキッチンで、冷蔵庫もありませんでした。友人が飲みに来ると、まず作ったのがこれ（当時はもっと大きな鍋で）。とりあえずなんでも放り込めばＯＫです。肴でもあり、鍋料理でもあり、餅入りなので主食にもなる。まさに男子学生の夜食にはぴったりでした。

調理時間 **15**分

材料（1人分）

- 牛切り落とし肉……30g
- 切り餅……2個
- 長ねぎ……1/2本
- 油揚げ……1/2枚
- **A**
  - 麺つゆ（3倍濃縮）……大さじ1
  - 水……100ml
- 卵……1個
- 七味唐辛子……適宜
- サラダ油……適量

作り方

1 長ねぎは斜め薄切り、油揚げは1cm幅に切る。

2 フライパンにサラダ油を中火で熱し、餅を入れて両面に焼き目がつくまで焼く。

3 **2**に**A**を加えて中火で熱し、煮立ったら牛肉を加えて火を通す。**1**を加えてひと煮立ちさせ、真ん中に卵を割り入れる。好みで七味唐辛子をふる。

POINT

餅をうどんに代えればもちろん、鍋焼きうどんになります。その日の気分でお楽しみください。

麺つゆを
使って味つけ
簡単に！

ステーキの片面レア焼き

調理時間 5分

この焼き方は、銀座にある肉の名店のシェフ直伝で、初心者が最も上手にレア焼きできる方法だと思います。雑誌「dancyu」の撮影で、一部始終を撮らせていただきました。バターの使い方やにんにくを加えるなど、小林流にアレンジしてあるので、厳密には違う部分もありますが、焼き方の基本は同じです。一番大事なのはスピード感と集中力。クッキングタイマーは必須です。一度焼き始めたら、もう誰にも止められません。

材料（1人分）

- 牛ステーキ用肉……1枚（厚さ1.5cm以上がおすすめ）
- にんにく……1かけ
- 塩……適量（肉の重さの0.7〜1.0%）
- 粗びき黒こしょう……少々
- バター……10g
- ローズマリー……1〜2枝
- サラダ油……小さじ1

作り方

1. 牛肉は焼く直前に冷蔵庫から出し、高い位置から塩、粗びき黒こしょうをふる。にんにくは薄切りにする。
2. フライパンを十分に熱してサラダ油をひき、牛肉、にんにくを入れる。中火で1分ほど焼き、ひっくり返したら火を止め、バター、ローズマリーを加えて10秒ほどおく。

焼き始めたら2分もせずに完成。焼きたてを食べてほしいから、カトラリーは万全に準備してから焼き始めましょう。

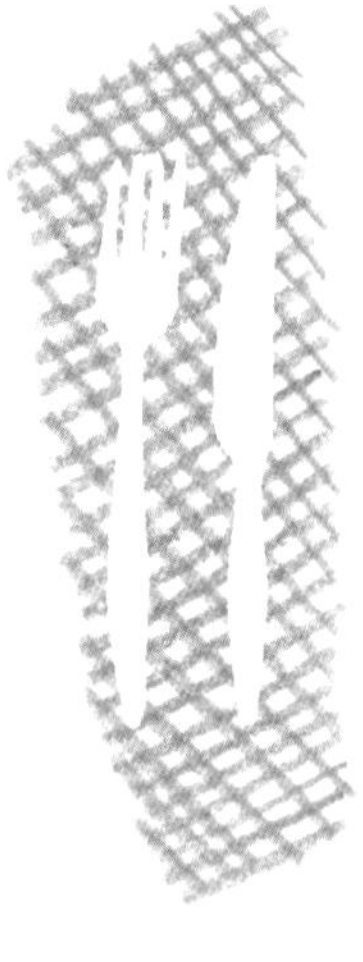

片面焼きでも、
レア部分は
中心部にちゃんと
きます

ピリ辛蒸ししゃぶ

調理時間 **8**分

もやしは偉大な存在だと思います。そして豚肉とは最強の組み合わせ。豚肉から出た脂はもちろん、調味料も全て、もやしが優しく受け止めてくれます。旨味をたっぷり吸ったもやしの存在。むしろ、もやしを食べたいがためにこれを作ると言っても過言ではありません。食べるときは、豚肉でもやしを優しく包み込むように、箸ですくってください。力は入れず、あくまでも優しくです。もやしに最大のリスペクトを込めて。

材料（1人分）

豚しゃぶしゃぶ用肉……4～5枚
万能ねぎ……1本
もやし……150g
ラー油……小さじ1/3
鶏ガラスープの素（顆粒）……小さじ1
酒……大さじ1
ポン酢しょうゆ……適量

作り方

1 万能ねぎは10cm長さに切る。

2 フライパンにもやしを入れてラー油、鶏ガラスープの素をまぶし、豚肉を広げてのせる。酒を加えて蓋をし、弱火で6～7分蒸す。蒸し上がったら、**1**をのせる。

3 器にポン酢しょうゆを入れ、**2**をつけながら食べる。

POINT

豚肉はもやしを蒸し焼きにする、落とし蓋の役目と思ってください。ポン酢しょうゆの代わりにごまダレでも美味。

もやしを堪能する
ための一品

Column

いつものキャンプと フライパン料理

高校2年生のとき、友人と二人で八ヶ岳にキャンプに行きました。昼間に釣ったニジマスを夕方、焚き火にかざしたフライパンで焼いたのです。見かけはいまいちでしたが、思わず声を上げてしまうほどのおいしさでした。料理をしたことがない少年でもおいしく焼けたのは、フライパンの懐の深さゆえだったのかも。実家が八ヶ岳山麓だったこともあり、週末はいつも自然の中にいました。今思えば登山と釣りが唯一の逃げ場で、居場所だった気がします。キャンプはフライパンさえあればどうにかなる、というのが高校生の僕が体験から学んだ一つです。

3

フライパンで ごはん・麺料理

ごはんや麺はフライパンで作るのがウマイ

フライパンは食材を焼いたり炒めたりするもの、という固定観念を捨てましょう。時代はニューノーマルです。という僕も、実はフライパンに対して長くそう思っていました。しかし撮影でいろいろな料理のプロの現場を見ていて、フライパンが多様な目的で使われているのを目の当たりにして、目からウロコでした。フライパンは、煮ることも得意なのです。もちろん本気で煮るなら、鍋にはかないません。でも麺をゆでる程度のことなら、フライパンの方がむしろ素早く調理できます。ごはんを炊くのも早いです。フライパンは容積に対して底面の割合が鍋よりも大きい分、加熱効率がいいんです。ごはんや麺料理こそ、フライパン料理の真髄だと、宣言してしまいます！

具材を炒めて麺ゆでに突入！という早業は、フライパンの独壇場です。

白ごはん

最も早くごはんを炊く方法、それはおそらくフライパンです。ある和食の名店（ミシュラン星あり）で、土鍋で炊くごはんのプロセスの撮影をした際、店主の「ごはんを炊くなら、本当はフライパンが一番なんだよ」という衝撃の独り言を僕は聞き逃しませんでした。どういうこと!?と混乱したまま、撮影をこなすのに気を取られてしまい、聞くタイミングを逃してしまいましたが、時短で言えば確かにフライパン炊飯は最強です。

調理時間 **15**分（浸水、蒸らす時間は除く）

材料（1合分）　米……1合
水……1カップ

作り方

1 米を研いでフライパンに入れ、分量の水を加えて常温で30分ほど浸しておく。

2 **1**に蓋をして強火にかけ、沸騰したら弱火で5～10分加熱する。吹きこぼれそうになったら蓋を少しずらして蒸気を逃す。水分がほぼ飛び、パチパチと音がしてきたら火を止め、そのまま10分ほど蒸らす。

POINT

浸水する時間がない場合は、水を1割ほど足して炊きましょう。おこげを作りたい場合は最後に1分ほど強火にしてください。

フライパンで
ごはんが
炊けるんです

フライパンは
炊き込みごはんも
得意です

僕は山育ちだったこともあり、ご馳走といえば魚介類系。今思えば、子どものころはあさりのみそ汁でさえ特別でした。ということで、まずはあさり入りで。

あさりの炊き込みごはん

材料（1人分）

米……1/3合
水……130ml
あさり（砂抜きしたもの）……10個
玉ねぎ……1/4個

A
- 麺つゆ（3倍濃縮）……大さじ1
- 酒……小さじ1

万能ねぎ（小口切り）……適量
サラダ油……小さじ1

作り方

1 ボウルで米を研ぎ、常温で30分ほど分量の水に浸しておく。玉ねぎは薄切りにする。

2 フライパンにサラダ油を中火で熱し、玉ねぎを入れてしんなりするまで炒める。水ごとの米、あさり、**A**を順に加えて蓋をし、弱火で水分がなくなるまで5～10分加熱する。

3 **2**の火を止め、そのまま10分ほど蒸らし、万能ねぎを散らす。

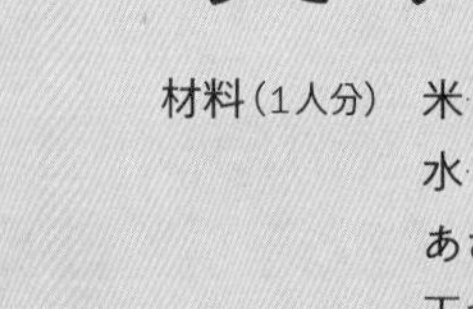

放っておいてもあさりの旨味は全て、ごはんが受け止めてくれます。見た目に華が出るので、ぜひ殻つきを使ってみてください。

調理時間 **12**分（浸水、蒸らし時間は除く）

缶詰は
具にも調味料
にもなる！

新鮮な魚もいいですが、缶詰の魚も偉大です。しっかり味が染み込んでいるので、具であると同時に偉大な調味料でもあります。あとは麺つゆを加えれば、味が決まります。

いわし缶の炊き込みごはん

材料（1合分）
- 米……1合
- いわし缶（しょうゆ味）……1缶
- こんにゃく……1/4枚
- 水……1カップ
- A
  - 麺つゆ（3倍濃縮）……大さじ1
  - おろししょうが……小さじ1/2
- 万能ねぎ（小口切り）……適量

作り方

1 米を研いでフライパンに入れ、分量の水を加えて常温で30分ほど浸しておく。こんにゃくは短冊切りにする。

2 **1**のフライパンに**A**を加えて混ぜ、こんにゃくと缶汁ごとのいわしをのせる。蓋をして強火で加熱し、沸騰したら弱火にし、水分がなくなるまで5〜10分加熱する。火を止め、そのまま5〜10分蒸らす。

3 **2**に万能ねぎを散らす。

POINT

個人的なことですが、メタボを気にして糖質オフを目指した結果、今回はこんにゃくを入れてヘルシーにかさ増ししてみました。

調理時間 **13**分（浸水、蒸らす時間は除く）

ベーコンマヨ焼き飯

調理時間 5分

ラーメン屋さんの撮影をしていたとき、お店のスタッフの方がまかないで食べていたものをヒントに作りました。若い男性スタッフだったので思い切り大盛り！しかもマヨネーズたっぷりで、さらに卵黄のせ。見ていた僕もお腹が鳴りました。

　超高カロリーですが、ときにはこんなボリューミーなものをガツンと食べたくなります。熱々を一気にかき込んでください。

材料（1人分）

- 温かいごはん……茶碗1杯分
- ブロックベーコン……50g
- おろしにんにく（チューブでも可）……小さじ1
- 焼き肉のタレ……大さじ1
- マヨネーズ・万能ねぎ（小口切り）……各適量
- 卵黄……1個分
- サラダ油……小さじ2

作り方

1 ベーコンは細かく切る。

2 フライパンにサラダ油を弱火で熱し、**1**、にんにくを入れてさっと炒める。ごはん、焼き肉のタレを加えてさらに炒め、全体に火が通ったら火を止める。マヨネーズを全体にかけ、万能ねぎを散らし、卵黄をのせる。

POINT

ベーコンがなければソーセージでもOK。最後に強火にして、ごはんに少しおこげを作って食べてもおいしいです。

ガッツリ＆こってり
食べたいときに

“余熱皿”
としての
本領発揮

韓国料理の撮影で韓国に2週間滞在したことがあります。本場よりも優しい辛さにアレンジしました。フライパンの得意技である、「おこげ」を作って食べてください。

熱々ビビンバ

材料（1人分）

温かいごはん……茶碗１杯分
ベーコン……２枚
もやし……１つかみ（40g）
焼肉のタレ……大さじ１
A
白菜キムチ……120g
卵黄……１個分
万能ねぎ・白炒りごま……各適量
サラダ油……小さじ２

作り方

1 ベーコンは1cm幅に切る。

2 フライパンを中火で熱してサラダ油をひき、**1**、もやしを入れて炒める。ごはんを加えてほぐし、焼肉のタレを加えてなじませる。

3 **2**の火を止め、**A**を彩りよくのせたら、再度中火で２～３分熱し、おこげを作る。パチパチ焦げる音がし始めたら火を止める。

調理時間 **12**分

POINT

熱々の具材をかき混ぜながら、スプーンで召し上がれ。辛みを増したいときは、お好みでコチュジャンを加えるのもおすすめです。

娘が小さいころ、よくせがまれて作ったのがこの焼きおにぎり。なのでひとつひとつが少し小ぶりです。今回懐かしくなって作ってみました。キムチを添えて、少し大人風にアレンジ。

かつお節の風味が広がる！

ピリ辛焼きおにぎり

材料（2人分）

A
- 温かいごはん……300g
- かつお節……1袋（5g）
- 麺つゆ（3倍濃縮）……大さじ3

- 白菜キムチ……適量
- ごま油……大さじ1
- ラー油……小さじ1/2

作り方

1 ボウルに**A**を入れて混ぜ、6等分にし、三角形に握る。

2 フライパンにごま油とラー油を弱火で熱し、**1**を放射状に並べて入れ、両面こんがりと焼く。

3 **2**の真ん中にキムチをのせる。

調理時間 **12**分

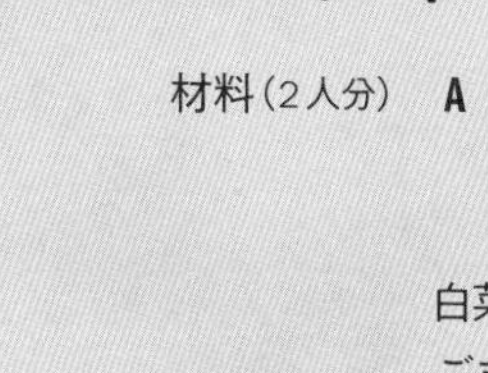

三角形ににぎったら、先端をフライパンの中心に向けて放射状に並べると、無駄な隙間を作らずに焼けます。

鍋焼きラーメン

調理時間 **10**分

鍋焼きうどんは作ったままの鍋でそのまま食べるのに、なぜラーメンはいつも器に移し替えるのか？という、どうでもいいと言えば実にどうでもいい疑問を長い間持っていました。なので今回、フライパンで作ってそのまま食べてみることに。なんの不便もない、しかも具も簡単に炒めてから煮込むことができるので、むしろ好都合なことが多かったです。ということで、鍋焼きラーメンと命名することにしました。

材料（1人分）

- インスタントラーメン（袋麺／好みの味）……１人分
- 付属のスープ……１袋
- にんにく（つぶす）……１かけ分
- ベーコン（またはハム）……1/2枚
- 水……袋に記載の量
- 万能ねぎ（小口切り）……適量
- ごま油……大さじ１

作り方

1 フライパンにごま油を入れ、にんにく、1cm幅に切ったベーコンを炒め、軽く焦げ目がついたらフライパンから一度取り出す。

2 **1**のフライパンにラーメン、水を入れ、袋に記載の時間通りにゆでる。火を止め、付属のスープを加える（フライパンは水分が飛びがちなので、通常より若干減らすとよい）。**1**をのせ、万能ねぎを散らす。

浅いフライパンで作る場合、煮こぼれることがあるので、水、添付のスープの量を記載よりそれぞれ2割ほど減らしてください。

ラーメンも
フライパンのまま
召し上がれ

ミルクの甘さと
ラー油の辛さが
癖になる

料理は見た目が9割、とは言いませんが、見た目は大事。味変は見た目の変化も大切なので、真っ白にしました。最初の2秒の視覚的印象が、味に大きな影響を与えるというのが写真家としての実感です。

ピリ辛ミルク麺

調理時間 **10**分

材料（1人分）

- インスタントラーメン（袋麺／塩味）……1人分
- 付属のスープ……1/3袋
- ベーコン……1枚
- **A**
  - 牛乳……150ml
  - 水……250ml
  - おろしにんにく……1かけ分（またはチューブタイプ2cm）
- 小松菜……小1株
- **B**
  - 長ねぎ（白髪ねぎ）……適量
  - 白炒りごま……少々
  - ラー油……適量

作り方

1 ベーコンは1cm幅に切る。フライパンに油をひかず、ベーコンを入れて弱火でカリカリになるまで炒め、一度取り出す。

2 **1**のフライパンに**A**を入れて火にかけ、沸騰したらラーメン、小松菜を加え、袋に記載の時間通りに煮る。

3 **2**に付属のスープを加えて溶かし、**1**、**B**をトッピングする。

POINT

辛みを増したい場合はラー油を足すか、豆板醤を少し加えるのがおすすめです。

真っ白の次は真っ赤にしてみました。トマトをたっぷりと使ってイタリアン風に。ラーメンは塩味を使います。しょうゆ味、みそ味に比べて、主張が優しいので、味変&色変には大活躍してくれます。

ミニトマトと
トマトジュースで
濃厚に！

トマト濃厚ラーメン

材料（1人分）

- インスタントラーメン（袋麺／塩味）……1人分
- 付属のスープ……1/2～1/2袋強
- ミニトマト……4～5個
- A 水・トマトジュース（無塩）……各200ml
- 塩……少々
- バジルの葉（あれば）……適量
- 粉チーズ……適量
- オリーブ油……大さじ1

作り方

1 フライパンにオリーブ油を弱火で熱し、半分に切ったミニトマトを半量入れ、塩をふってしんなりするまで炒める。**A**を加え、沸騰したらラーメンを加えて袋に記載の時間通りに煮る。

2 **1**の火を止め、付属のスープを加えて溶かし、残りのミニトマト、バジルの葉をのせ、粉チーズをふる。

調理時間 **10**分

POINT

粉チーズをふる代わりに、お好みで溶けるチーズを加えてもおいしいです。

オム焼きそば

調理時間 10分

突然ですが、僕の妻はソース味一般があまり好きではありません。たこ焼きや、お好み焼きにさえソースをかけない、筋金入りなのです。なので我が家では、ソース焼きそばを食べたいときは自分で作るしかないのです（笑）。卵焼きものせ、ここでも思い切りケチャップをかけました。ソース好き、ケチャップ好きには両者のコンビネーションがたまりません。我が家ではこそこそ作って、キッチンの隅で食べています。

材料（1人分）

- 焼きそば用蒸し麺……1袋
- 付属のソース……1袋
- ウインナーソーセージ……2〜3本
- キャベツ……2枚
- 卵……1個
- サラダ油……小さじ2
- 青のり……適量
- トマトケチャップ……適量

作り方

1. ウインナーは食べやすい大きさに切り、キャベツはざく切りにする。
2. フライパンにサラダ油の半量を弱火で熱し、溶き卵を流し入れて薄い丸形に焼き、一度取り出す。
3. **2**のフライパンに残りのサラダ油を中火で熱し、**1**を1分ほど炒め、焼きそば麺を加えて袋の記載通りに作り、付属のソースで味つけする。
4. **3**に**2**の卵をのせ、青のり、ケチャップをかける。

普通の焼きそばでは飽き足らないという場合は、最後に強火にして麺を焦げる直前のカリカリ状にすると食感が楽しくなります。

屋台のあの味を
目指しました

焼きそばでも、油そばでもない食感

あるときラーメンをゆでていたら、目を離している間に水分が飛び過ぎてしまいました。焦げる寸前でしたが、強引に食べてみたら、これがこれが、おいしかったのです。

焼きラーメン

調理時間 10分

材料（1人分）
- インスタントラーメン（袋麺／しょうゆ味）……1人分
- 付属のスープ……1/3～1/2袋
- キャベツ……1/4枚
- ベーコン……1枚
- 水……250ml
- 長ねぎ（小口切り）……適量
- こしょう……適宜

作り方

1 キャベツはざく切りにし、ベーコンは1cm幅に切る。

2 フライパンに水、ラーメンを入れて強火にかけ、沸騰させる。片面がほぐれてきたら裏返し、**1**を加える。麺をほぐしながら水分を飛ばし、ほぼ水分がなくなったら火を弱め、付属のスープを加えて混ぜる。長ねぎを散らし、好みでこしょうをふる。

POINT

水分が飛ぶのと、焦げ始めるのがほぼ同時のタイミングです。火加減と火を止めるタイミングは慎重に。

新型コロナウイルスによるステイホームをきっかけに、よく食べるようになったインスタント袋麺。次第にいろんな味に挑戦したくなり、焼きそば風アレンジに。

隠し味のラー油で
大人の味に

ラーメンでソース焼きそば

材料（1人分）

インスタントラーメン（袋麺）……1人分（付属のスープは使わないので何味でもOK）

キャベツ……1枚

水……400ml

A
- 中濃ソース……大さじ1・1/2
- オイスターソース……小さじ1
- 鶏ガラスープの素（顆粒）……小さじ1/2
- ラー油……10滴ほど（好みで調整）

マヨネーズ・紅しょうが……各適量

作り方

1. キャベツはざく切りにする。
2. フライパンに水を入れて火にかけ、沸騰したらラーメン、**1**を入れて袋に記載の時間通りにゆでる。
3. 蓋や油はね防止のメッシュを使って**2**を湯切りし、**A**を加えてよく混ぜ合わせ、マヨネーズをかけ、紅しょうがを添える。

調理時間 **10**分

POINT

麺をしっかり湯切りしてから、調味料を混ぜ込む。流れは、あのペヤング流と全く同じです。フライパンで作るときも、流れは変わりません。

ボンゴレ

調理時間 13分

時短撮影で会得した「ゆでたパスタは湯切りしないで、水分を飛ばしてそのまま使う」という技を投入しました。パスタはたっぷりの湯でゆでないとおいしくない、と信じてきましたが、実際に作ってみると両者の差はそうでもない。昔、イタリア人留学生を撮影したとき、パスタにオリーブ油ではなくサラダ油を使っていました。理由を問うと「だってそんなに変わらないし。」とさらりと一言。それに通じるかもしれません。

材料（1人分）

- スパゲッティ（ゆで時間7分のもの）……80g
- ベーコン……1枚
- あさり（砂抜きしたもの）……100g
- にんにく（つぶす）……1かけ分
- 水……250ml
- 酒……大さじ1
- しょうゆ……小さじ1
- オリーブ油……大さじ1
- 乾燥パセリ……適量
- 赤唐辛子（小口切り）……1本分

作り方

1 ベーコンは1cm幅に切る。スパゲッティが長い場合は、手で半分の長さに折る。

2 フライパンにオリーブ油、にんにくを入れて弱火にかけ、香りが立ったらベーコンを加えて軽く炒め、水、酒を加える。沸騰したら、スパゲッティ、あさりを加えて強めの中火にし、箸で混ぜながら水分を飛ばし、7分ほどゆでる（水分が多い場合は途中から火を少し強くする）。

3 **2**の火を止め、しょうゆを加えて和え、パセリ、赤唐辛子を散らす。

水を50ml足して
水分を残せば
スープパスタに

麺ゆでも全て
フライパン
ひとつで完結！

時短に詳しい料理家さんが、いきなりフライパンでゆで始めて目からウロコ。これもありなんだと知りました。焦げはじめるとスープが茶系に変色してくるので火加減に注意してください。

卵のせカルボナーラ

調理時間 13分

材料（1人分）

- スパゲッティ（ゆで時間7分のもの）……80g
- ベーコン（ブロック）……50g
- にんにく（つぶす）……1かけ分
- 牛乳……150ml
- 水……100ml
- コンソメスープの素（顆粒）……小さじ1
- 卵黄……1個分
- 粉チーズ……大さじ2
- 粗びき黒こしょう……適量
- オリーブ油……大さじ1

作り方

1 ベーコンは拍子木切りにする。

2 フライパンにオリーブ油、にんにくを入れて弱火にかけ、香りが立ったら**1**を加えて軽く焦げ目がつくまで炒める。牛乳、水、コンソメを加え、沸騰したらスパゲッティを加え（麺が長い場合は手で半分に折る）、弱めの中火で7分ほどゆでる。

3 **2**がゆで上がる1分前に粉チーズを加え、麺とよく混ぜる。途中で水分が飛び過ぎてしまった場合は、牛乳を少量（分量外）加える。火を止め、真ん中に卵黄をのせ、粗びき黒こしょうをふる。

ショートパスタはキャンプ料理で実に強い味方。もちろん自宅でも。主食になってくれるし、ごはんを炊くよりずっと簡単。おかず込みのワンプレートで完結するところも素晴らしい。

スピードマカロニ

早ゆでタイプを使えば即完成！

材料（1人分）

- ショートパスタ（マカロニ）……60〜70g
- ブロッコリー……適量
- 水……300ml
- 好みのインスタントカップスープの素……1杯分
- 塩・こしょう……各少々

作り方

1 ブロッコリーは一口大に切る。

2 フライパンに水、インスタントスープの素、**1**を入れて火にかける。沸騰したらマカロニを加えて軽く蓋をし、弱めの中火で袋に記載の時間通りにゆでる。塩、こしょうで味をととのえる。

調理時間 **12**分

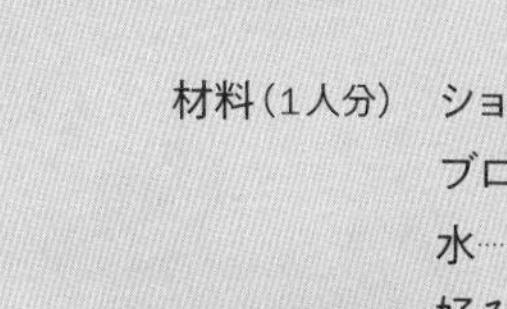

ショートパスタは早ゆでタイプを使うと、より時短になります。焦げそうな場合は水を適量足してください。カップスープは、まずはオニオンコンソメ味がおすすめです。

釜玉うどん

冷凍うどんは電子レンジで加熱すればすぐに解凍でき、しかもコシがしっかりあるという、うれしい食材です。時短の救世主とも言えるうえ、男子料理には実にお手軽に使えます。
　うどんの本場の香川には、何度も撮影に行きましたが、さすがにフライパンでうどんが出てきたことはありませんでした。でも実際に作ってみると、うどんとフライパンの相性って決して悪くないと思いました。

調理時間 **5**分

材料（1人分）
冷凍うどん……1人分
卵黄……1個分
万能ねぎ（小口切り）……適量
麺つゆ（3倍濃縮）……適量
サラダ油……適量

作り方
1 うどんは袋の記載通りに電子レンジで加熱し、解凍する。
2 フライパンにサラダ油をひいて弱火にかけ、**1**を入れて油となじませるように混ぜたら火を止める。真ん中に卵黄をのせ、万能ねぎを添え、食べる直前に麺つゆをかける。

POINT
ここでのフライパンの役割は、調理器具ではなく冷めにくい器としてお考えください。

フライパンで
うどんを
熱々でいただく

わさびの
風味が
アクセント

撮影で四国に1カ月滞在したことがあります。当然、うどんにハマりました。ちょうど冷凍うどんが市民権を得たころで、四国に行けないときは週5で冷凍うどんを食べていました。

わさびマヨのたらこうどん

調理時間 7分

材料（1人分）

冷凍うどん……1人分
しょうゆ……少々
刻みのり……適量
サラダ油……大さじ1

A
たらこ（身をこそげ出す）……1/2腹分
マヨネーズ……たらこと同量
牛乳……少々
チューブわさび……5〜6cm

作り方

1. うどんは袋の記載通りに電子レンジで加熱し、解凍する。
2. フライパンにサラダ油をひいて中火にかけ、**1**を入れて炒める。全体に油が回ったら、混ぜ合わせた**A**を加え、和えながら炒める。
3. **2**のたらこが白くなってきたら、しょうゆを加えて火を止め、刻みのりをのせる。

POINT

感覚的には、うどん&たらこをフライパンで軽くソテーするような気分で作ってみてください。

カルボナーラといえば、雑誌「dancyu」の撮影で行った軽井沢のシェフを思い出します。鬼のように怖い人ですが腕は超一流。もちろんあの味は出せませんが、これは僕なりのささやかな一皿。

ある意味、
「釜玉うどん」
です

うどんカルボナーラ

材料（1人分）

- 冷凍うどん……1人分
- 卵……1個
- ベーコン……1枚
- 粉チーズ……大さじ1
- にんにく（粗みじん切り）……1かけ分
- 粗びき黒こしょう……少々
- オリーブ油……大さじ1・1/2

作り方

1. 卵は常温に戻す。うどんは袋の記載通りに電子レンジで加熱し、解凍する。ベーコンは1cm幅に切る。
2. フライパンにオリーブ油、にんにくを入れて弱火にかけ、フツフツしてきたらベーコンを加えて炒め、軽く焦げ目がついたらうどんを加え、さっと炒める。
3. 卵と粉チーズをよく混ぜ合わせ、**2**に加え、さっくり和える。火を止め、粗びき黒こしょうをふる。

調理時間 **8**分

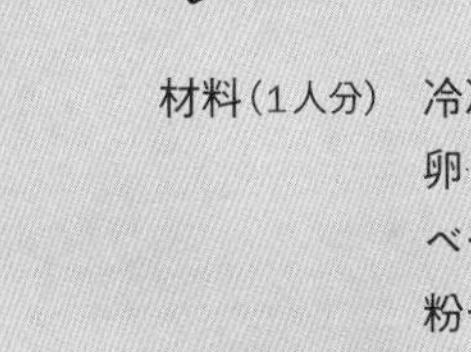
POINT

撮影時に学んだカルボナーラの真髄は、食材ひとつひとつを冷めさせずに調理していくこと。フライパンは意外にそれに向いています。

最強の油うどん

PART 3

パスタ&冷凍うどん

調理時間 **6**分

シンプルなぶっかけうどん系も大好きですが、逆に思い切りギトギト系に振り切りたいときもあります。どんな味も受け止めるうどんの器の大きさに感謝です。

　ラーメン屋さんで油麺は普通だけど、うどん屋さんでの油うどんにはまだ出会ったことがありません。フライパンと最も相性のよい食材はまずは油だと思いますが、それが名につく料理がフライパンに合わないわけがないとも思うのです。

材料（１人分）

冷凍うどん……１人分
ベーコン……１枚
卵黄……１個分
A しょうゆ・オイスターソース……各小さじ１
ごま油……大さじ１
万能ねぎ（小口切り）……適量
ラー油……適宜

作り方

1 うどんは袋の記載通りに電子レンジで加熱し、解凍する。ベーコンは1cm幅に切る。

2 フライパンにごま油を中火で熱し、ベーコンを入れて軽く焦げ目がつくまで炒め、うどん、**A**を加えてさっと混ぜたら火を止める。真ん中に卵黄をのせて、そのまわりに万能ねぎの小口切りをおく。好みでラー油をたらす。

別方向から見ると、これはある意味、油うどんと名のついた一種の焼きうどんの系譜かもしれません。

さっぱりも
いいけど、
ときにはこってりと

焼きうどんはいつだって僕らの見方です。素早く、簡単に、そして安く作れるからです。そしていつも失敗なし。学生時代から何度お世話になったか分かりません。

野菜は
お好みの
ものでOK

焼きうどん

材料（1人分）

- 冷凍うどん……1人分
- ベーコン……1枚
- キャベツ……大1枚
- ピーマン……1個
- A しょうゆ・酒・ウスターソース……各小さじ1
- かつお節……適量
- サラダ油……適量

作り方

1 うどんは袋の記載通りに電子レンジで加熱し、解凍する。

2 ベーコンは1cm幅に切る。キャベツは2～3cm四方に切り、ピーマンは細切りにする。

3 フライパンにサラダ油を中火で熱し、**2**を入れて1分ほど炒め、**1**を加え、さらに炒める。**A**を加えて炒め合わせ、かつお節をふる。

調理時間 **7**分

POINT

味変して楽しみたいときは、途中からマヨネーズを加えてみるのもおすすめです。

いつもの焼きうどんをちょっとバージョンアップ&ボリューミーにしたいときは、これを作ってみてください。目玉焼き&ベーコンのチーム・フライパンとも言える、いつもの食材を加えてみました。

卵は生でも
加熱しても
どちらでも◎

焼きうどん豪華のせ

材料（1人分）

- 冷凍うどん……1人分
- グリーンアスパラガス……2本
- ベーコン……1枚
- 卵……1個
- 麺つゆ（3倍濃縮）……大さじ1/2
- 塩・こしょう……各少々
- サラダ油……適量

作り方

1 うどんは袋の記載通りに電子レンジで加熱し、解凍する。

2 アスパラガスは根元の固い部分をピーラーで薄くむき、長さを半分に切る。ベーコンも長さを半分に切る。

3 フライパンにサラダ油を中火で熱し、**2**を入れて炒め、火が通ったら一度取り出す。

4 **3**のフライパンにサラダ油を足して中火で熱し、**1**を入れて軽く炒める。麺つゆ、塩、こしょうを加えて炒め、味をととのえる。**3**のベーコンを両端においてアスパラガスを四角くのせ、真ん中に卵を割り入れ、蓋をして1分ほどおく。

調理時間 **8**分

Column

フライパンで世界の味

日本の郷土料理から世界の料理まで、フライパンを使った簡単レシピを紹介します。旅行や外食に行かなくたって、おうちで気軽に世界の味が楽しめるはず。

韓国風豚バラキャベツ

ごはんが
進む
ガッツリ
おかず

野菜をたっぷり食べたいときは、この料理の出番です。野菜は蒸すことによって、かさがだいぶ少なくなりますが、お肉が入り、味にパンチもあるので物足りなさはありません。

材料と作り方　　調理時間 **10**分

キャベツ1/8個は一口大に切り、にんじん1/3本はスライサーで薄く切る。フライパンにもやし1/4袋、キャベツ、にんじん、豚バラ薄切り肉100gを順にのせ、酒大さじ1を回しかける。蓋をして弱火にかけ、7~8分蒸す。ポン酢しょうゆ大さじ1、コチュジャン小さじ1/2(好みで調整)をよく混ぜ合わせておき、豚肉に火が通ったら全体にかける。長ねぎ(小口切り)適量を散らす。

トムヤムクン風ラーメン

世界3大スープの一つであるトムヤムクン。正直僕には辛すぎます。なのでなんちゃって風にアレンジ。薬味は本来ならばパクチーですが、個人的な好みであえてねぎにしました。

材料と作り方　　調理時間 **10**分

冷凍むきえび10尾は解凍しておく。マッシュルーム1~2個は薄切りにし、ミニトマト2個は半分に切る。フライパンに水350ml、トマトジュース(無塩)100ml、しょうが(薄切り)1かけ分を入れて火にかけ、沸騰したらインスタントラーメン(袋麺／塩味)1人分、えび、マッシュルームを加え、袋に記載の時間通りにゆでる。火を止め、付属のスープ1/2袋、豆板醤小さじ1/4を加えて混ぜる。仕上げにミニトマト、万能ねぎ1~2本をのせ、レモン汁小さじ1を加える。

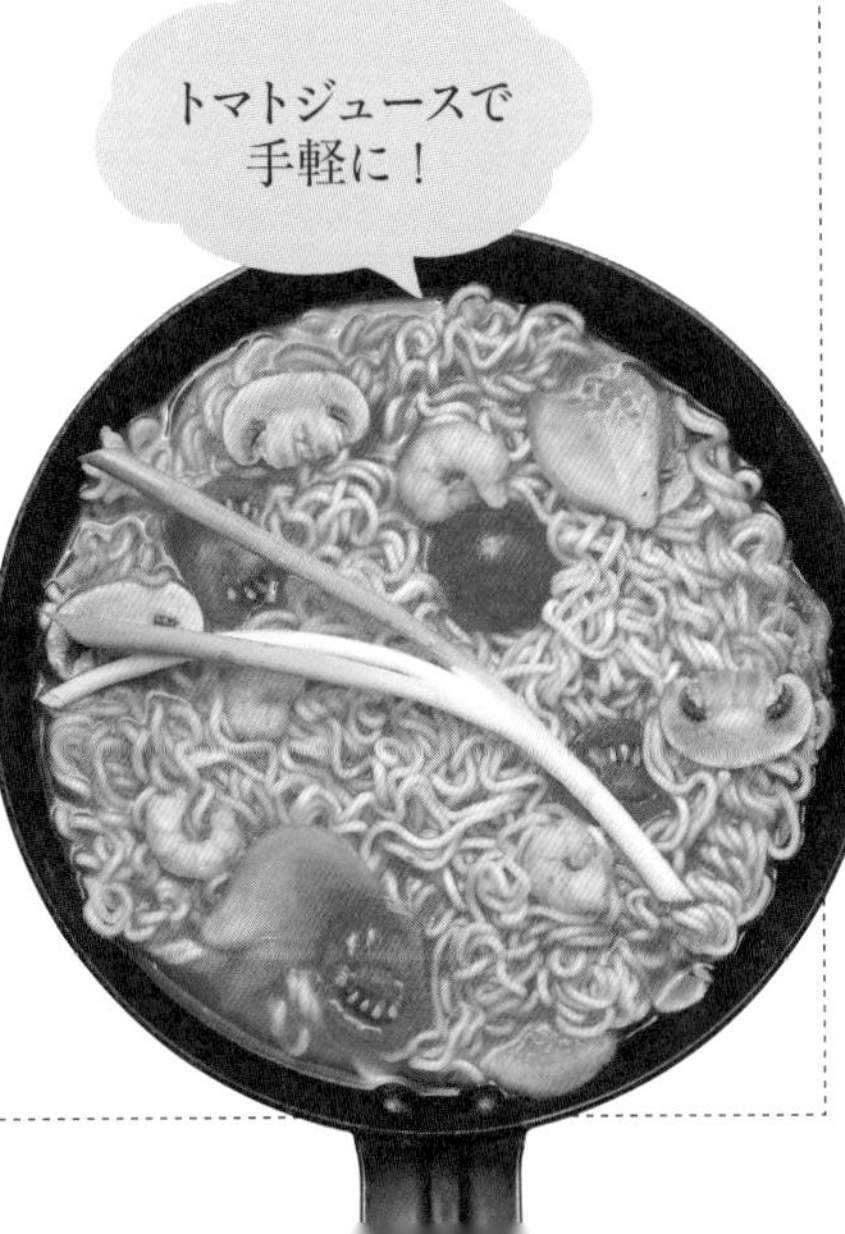
トマトジュースで
手軽に！

しょうゆの
香ばしさが
◎

薄焼きごはん

郷土料理の撮影をしているときにこの味を知りました。なんてことはない材料と、正直、地味な見た目。でも誰にでも愛される飽きのこない味。料理の原点を見た思いがしました。

材料と作り方　　調理時間 **10**分

ボウルにごはん茶碗１杯分、小麦粉大さじ3、しょうゆ小さじ1、水適量を入れてよく混ぜる。粘りが強い場合は、水を少量加えて調整する。フライパンにサラダ油小さじ１を中火で熱し、混ぜたごはんを入れて円盤状に形を整える。両面しっかり焼いて、焼き色がついたら、ハケでしょうゆ適量を塗る。好みでかつお節適量をのせても。

カウボーイの朝食

野外で一番簡単な調理法はやっぱりフライパンだと思います。焼く、煮るの同時進行が可能だからです。たき火の煙が似合います。もちろん家のキッチンでも超簡単な一品。

材料と作り方　　調理時間 **7**分

フランクフルト（ジョンソンヴィル）１本は包丁で細かい切り込みを斜めに入れ、サラダ油小さじ１を熱したフライパンで軽く炒め、焦げ目をつける。豆入りミネストローネ（市販／パウチなど）１袋（150～170g）を加えてひと煮立ちしたら、卵１個を割り入れ、好みでこしょう少々をふる。

食べ応え
バッチリ！

台湾風あさりの酒蒸し

新婚旅行で行った、台北の屋台での思い出の味です。鍋の下から木炭で加熱されながら出てきました。これを食べるたびに、あの街の熱気がよみがえってきます。固形燃料を使っても（P108参照）。

材料と作り方　調理時間 **8**分

フライパンにあさり（砂抜きしたもの）250g、にんにく・しょうが（みじん切り）各１かけ分、赤唐辛子（小口切り）１本分、紹興酒（なければ酒）大さじ１を入れ、蓋をして弱火にかけ、あさりの口が開くまで蒸し焼きにする。万能ねぎ（小口切り）適量を散らし、しょうゆ小さじ2を回しかける。

あさりの旨味が
たまらない！

Column

一人用固形燃料で温めながら楽しむ

温泉旅館などの夕食で出てくる一人用の小鍋や陶板焼き。下からは一人用固形燃料が燃やされ、ちょっとした調理気分を味わいながら食べるのは楽しいものです。湯上がりの浴衣を着ながら、箸でつつく非日常感はなんともいえません。フライパンならそんなシーンを再現することも可能です。最近は固形燃料セットも１００均やホームセンターなどで売っています。僕は、台湾風あさりの酒蒸しやアヒージョなどを固形燃料で加熱しながら、「孤独のグルメ」あるいは「深夜食堂」の登場人物になりきって、一人時間をしみじみ過ごすのが好きです。

固形燃料は火力調整できないため、使用時はフライパンが過熱しやすいです。火から目を離さず、火傷や引火・発火などには十分お気をつけください。また十分な換気をおこなって使用してください。

4

コンビニ食材&惣菜で一品おかず

コンビニ食材やお惣菜もおいしく変身

学生時代、僕は東京・板橋区で下宿生活をしていたのですが、部屋には冷蔵庫がありませんでした。今はやりの断捨離やエコ生活とかでなく、単に買えなかっただけです（笑）。ただ、歩いて数分のところにコンビニがあって、友人には「ここがオレの冷蔵庫」と苦しい言い訳をしていました。フライパン料理を始めたとき、コンビニに向かいましたが、並ぶ食材がスーパーより圧倒的に少ない。でも、同時に発想力と試行錯誤のチャンスも与えられました。例えば、コンビニにじゃがいもはないけど、スナック菓子ならある、これで何とかならないか？という具合に。市販の惣菜も、そのままで食べるより、ちょっとの工夫でアレンジを楽しんだり、豪華にだってできるのです。

スナック菓子も、フライパンで調理すれば立派な一品になります。

コロッケそばの具だけ

調理時間 7分

立ち食いそばが好きで、駅などでよく食べるのですが、必ず「コロッケそば」を注文してしまいます。コロッケにつゆが浸かって、次第にホロホロ溶けていくあの感じが好きなのです。それだけを味わいたくて、あえて今回はそばを外しました（笑）。冷めきったコロッケを使ってください。少しマニアックですが、熱いスープに飲み込まれ、溶けていくのがたまらないのです。今回は三つ葉をのせましたが、長ねぎでもOKです。

材料（1人分）
- コロッケ（市販）……2個
- 玉ねぎ……1/3個
- 卵……1個
- 水……150ml
- 麺つゆ（3倍濃縮）……大さじ1・1/2
- 三つ葉……適宜（または刻んだ長ねぎ）
- 七味唐辛子……適宜

作り方
1. 玉ねぎは薄切りにする。卵は溶く。
2. フライパンに水、麺つゆ、玉ねぎを入れて中火で煮る。玉ねぎが透明になったらコロッケを加え、溶き卵を流し入れる。卵が半熟状になったら火を止め、好みで三つ葉をのせ、七味唐辛子をふる。

今回は卵でとじましたが、シンプルになしでもOK。むしろそれが正しい駅そばスタイルかもしれません。

哀愁の
駅そば定番の
味を、食卓で

ポテトチップス工場を撮影したことがあり、工場長の「市販のポテトチップスも一度温め直した方がおいしいですよ」という言葉を聞き逃しませんでした。ということでフライパンで炒めてみました。

ポテチオムレツ

材料（1人分）
- 好みのポテトチップス……30g
- 卵……1個
- にんにく（つぶす）……1かけ分
- しょうゆ……少々
- 万能ねぎ（小口切り）……適量
- オリーブ油……大さじ1

作り方

1 フライパンにオリーブ油、にんにくを入れて弱火にかけ、フツフツしてきたら、ポテトチップスを加えて炒める。

2 全体が温まったらしょうゆを加え、卵を溶いて回し入れる。卵が半熟状になったら火を止め、万能ねぎを散らす。

調理時間 **5**分

POINT

ポテトチップスを食材としてストックしておけば、いつでも速攻で作れます。おいしさにびっくりするはず。

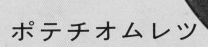

市販の
えびフライで
簡単に！

えびフライは自分で作るのがなかなか大変なので、スーパーのお惣菜コーナーで買ってください。もし、運悪くえびフライがなかった場合は、何か別のフライで作ってもOKです。

えびフライの卵とじ

材料（1人分）
- えびフライ（市販）……3尾
- 卵……1個
- 玉ねぎ……1/4個
- **A** 水……100ml
- **A** 麺つゆ（3倍濃縮）……大さじ2
- 万能ねぎ（小口切り）……適量

作り方

1. 玉ねぎは薄切りにする。フライパンに**A**と玉ねぎを入れて中火にかけ、煮立ったらえびフライを加えて1〜2分煮る。
2. 卵を溶いて**1**に回し入れ、卵が半熟状になったら火を止め、万能ねぎを散らす。

調理時間 **5**分

POINT

オンザライスにしてもおいしいです。お好みでソースやマヨネーズをかけて食べてください。

蒸ししゅうまい

調理時間 7分

横浜在住の僕は、新幹線での出張時はもちろんシウマイ弁当一択です。お土産などのしゅうまいを素早く温めるには、電子レンジが便利ですが、やっぱりイマイチの味。でも蒸し器は面倒臭い。そんなときはフライパンに長いもの輪切りを入れて、水を張れば即席の蒸し器が完成です。土台となってくれた長いもにも、しょうゆをかければこれもまた美味。一石二鳥の得した気分になるのは僕だけでしょうか?

材料(1人分)
しゅうまい(市販)……5個
長いも……7.5cm(またはれんこん)
水・塩・柚子こしょう・しょうゆ……各適量
ごま油……適量

作り方
1 長いもはひげ根をガス火で焼き切り、皮をむかずに1.5cm幅の輪切りにする。
2 フライパンにごま油を弱火で熱し、長いもを入れて両面に軽く焦げ目がつくまで焼く。塩をふり、一度火を止め、しゅうまいをのせる。水を深さ1cmほど加えて蓋をし、中火で3~4分蒸す。
3 2の水分が少なくなってきたら、蓋を取って弱火にし、水分を飛ばす。しゅうまいに柚子こしょうをのせ、しょうゆをつけていただく。

長いもの代わりに、輪切りにしたれんこんでもOK。れんこんの穴が、蒸し効果を高めてくれる気もします。

蒸し器が
なくても
しゅうまい
食べたい

夏野菜カレー

調理時間 8分

具材をじっくり煮込んだカレーも好きですが、残念な点が2つあります。カレールウががっちりコーティングされて、食べてみないと具の区別がつきにくいことと、具材の色味が発揮できずに終わってしまうこと。カメラマン的に言うと、特に後者の理由が実にもったいない気がしてしまいます。何種類もカレーを撮った日は、基本、頭の中はルウの色しか思い出せません。なのでここでは具材は後のせで、しっかり色彩を主張！

材料（1人分）
レトルトカレー……1袋
なす・かぼちゃ・グリーンアスパラガス・にんじん……各適量
こしょう……少々
サラダ油……適量

作り方
1 なすは縦に薄く切り、かぼちゃは5mm幅のくし形に切る。アスパラガスは固い部分はピーラーで薄くむき、にんじんはスティック状に切る。
2 フライパンにサラダ油を弱火で熱し、**1**を入れて焼き、火が通って焼き色がついたら一度取り出す。
3 **2**のフライパンにレトルトカレーを入れて火にかけ、温まったら**2**を戻し入れ、こしょうをふる。

POINT
野菜はなんでもOKですが、ここでも色の三原色CMY（シアン・マゼンタ・イエロー）のルールで作ってみました。

野菜は煮込まず
後からのせて
彩り鮮やか！

どこか麻婆なすを彷彿とさせる食感です。とろっとしたなすの食感がたまりません。なす好きの方は、なすの分量をあと2～3割増量してみてください。

なすの量は
お好みで
調整して！

なすの
レトルトカレー

材料（1人分）　レトルトカレー……1袋
なす……1本
サラダ油……小さじ2

作り方

1 なすは一口大の乱切りにする。

2 フライパンにサラダ油を中火で熱し、**1**を入れてしんなりするまで炒める。レトルトカレーを加えて蓋をし、3～4分中火のまま煮込む。

調理時間 **10**分

POINT

レトルトカレーの辛さは、あくまでお好みですが、辛口の方が麻婆なす感に近づきます。

玉ねぎを
飴色に炒めて
本格的に

王道のカレーうどん。でも一から作るのはちょっと面倒…。でも、レトルトカレーを使えば、簡単に作れるということに気づいたときは興奮しました。カレーうどんはいつだって僕らの味方です。

カレーうどん

調理時間 20分

材料（1人分）

- レトルトカレー……1袋
- 冷凍うどん……1人分
- 玉ねぎ……1/4〜1/2個
- **A**
  - 麺つゆ（3倍濃縮）……大さじ1
  - 水……85ml
- 万能ねぎ（小口切り）……適宜
- サラダ油……適量

作り方

1. 玉ねぎはみじん切りにする。フライパンにサラダ油を弱火で熱し、玉ねぎを入れて飴色になるまでじっくり炒める。
2. **1**にレトルトカレー、**A**を加えて蓋をし、温まるまで加熱する。うどんを袋の記載通りに電子レンジで加熱して解凍し、カレーに加えて混ぜる。好みで万能ねぎを散らす。

POINT

時短で作りたいときは、玉ねぎを入れずに作ってもOK。〆はお約束の白ごはんを入れて食べるのがおすすめ。

レトルトチキンカレー

調理時間 10分

　インド旅行時にカレーを調理するシーンを何度か目にしましたが、そのときに実感したのはカレーは煮物でなく、むしろ炒め物に近いと思いました。サッと炒めて作ります。ここでも基本は具材を素早く炒めて素早く作ります。コトコト煮込んだりはしません。でもローリエはこだわって入れておきたいところです。フライパンは余熱の効いた一種のグレイビーボート（あの魔法のランプみたいな器）とお考えください。

材料（1人分）
- レトルトカレー……1袋
- 玉ねぎ……1/2個
- 鶏手羽元……2〜3本
- ローリエ……1枚（あれば）
- サラダ油……小さじ1（またはバター）

作り方

1 玉ねぎはみじん切りにする。

2 熱したフライパンにサラダ油をひき、手羽元を皮目から入れて中火で焼いて焼き色をつけ、全体に火が通ったら一度取り出す。

3 **2**のフライパンに**1**を入れ、弱火でしんなりするまで炒める（気持ちの余裕があれば飴色を目指す）。レトルトカレー、ローリエ、**2**の手羽元を加え、蓋をして、グツグツしてきたら火を止める。

POINT

辛みを増したい場合は、赤唐辛子を1本入れてみてください。辛さが増すだけでなく、ある意味、映えます。

手抜きなのか、
凝っているのか
分かりません

ごはんが
ないときは
パンでいい

カレーを食べたいけれど、まずはごはんを炊かないと…。そんなときはパンでいきましょう。トーストしたバゲットを入れるとサクサク感とトロトロ感が同時に味わえます。

カレーパン

材料（1人分）　レトルトカレー……1袋
ピザ用チーズ・
バゲット（スライス）……各適量

作り方

1 フライパンにレトルトカレーを入れて蓋をし、弱火にかけて温める。

2 **1**にピザ用チーズ、トーストしたバゲットを加える。

調理時間 **5**分

POINT

どうやって食べるかで悩むところですが、僕はフォークとスプーン（ナイフ代わりに使用）でパンを切りながら食べています。もちろん手づかみのままで食べても大丈夫です。

インドカレー、欧風カレー、タイカレーなどいろいろ撮影した日は、一周回ってこのカレーが食べたくなります。安心するいつもの味です。カレーの下にはたっぷりのごはんが隠れています。

チーズカレー

チーズがのって安定のおいしさ

材料（1人分）
- レトルトカレー……1袋
- 温かいごはん……茶碗大盛り1杯分
- 卵……1個
- ピザ用チーズ……適量
- サラダ油……小さじ2

作り方

1 フライパンにサラダ油を中火で熱し、ごはんを入れてさっと炒め、平らに広げる。

2 **1**にレトルトカレーをかけ、蓋をして2～3分煮込む。真ん中をくぼませて卵を割り入れ、ピザ用チーズを散らす。蓋をして弱めの中火にかけ、チーズが溶けてごはんが焦げ始めたら火を止める。

調理時間 **10**分

POINT
カレールウ、チーズ、卵の3者のコンビネーションは無敵です。そして、とにかく冷めにくいので、食べ終わるときは汗だくになる可能性が高いです。

カレー麻婆豆腐

「アイデアのつくり方」（ジェームス・W・ヤング著）という本に「アイデアとは、既存の要素の新しい組み合わせ以外の何ものでもない」という名言があります。どんなに斬新に見えるアイデアも、ゼロから生まれたわけではなく、世の中に存在しているアイデアの組み合わせにすぎないということ。料理にも応用してみると、みそラーメンや牛丼もこの例に当てはまります。僕も既存の定番料理を組み合わせてみました。

材料（1人分）

レトルトカレー……1袋
木綿豆腐……180g（約1/2丁）
長ねぎ……10cm
A 豆板醤……小さじ1/4
すりおろしにんにく・すりおろししょうが……各チューブタイプ3cm
ごま油……小さじ2

作り方

1 長ねぎは粗みじん切り、豆腐は2cm角に切る。

2 フライパンにごま油を弱火で熱し、長ねぎ半量を炒め、香りが立ったら豆腐、**A**を加え、全体を和えながらさっと炒める。

3 **2**にレトルトカレー、残りの長ねぎを加え、カレーが煮立ったら全体をよく絡める。

POINT

辛さは豆板醤の量で調整してください。僕は後半になって辛くしすぎて困ることが多いので、少しずつ入れた方が安心です。

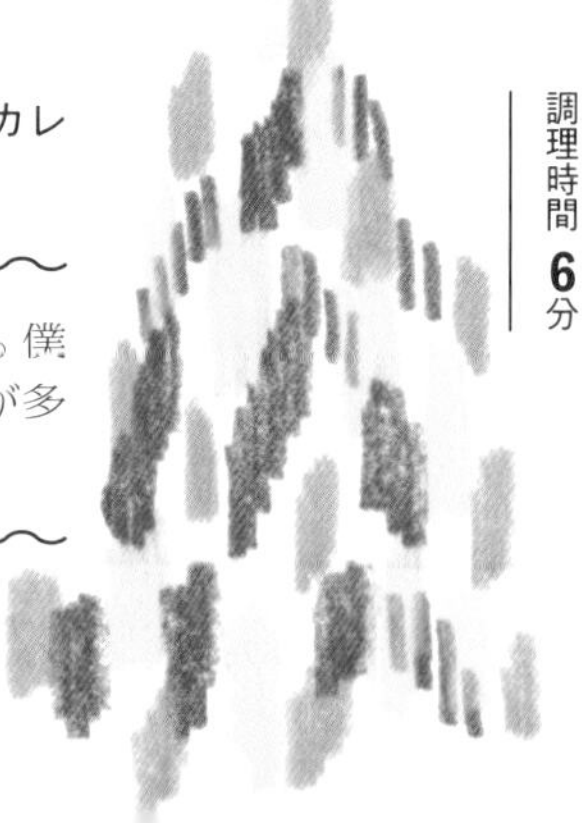

調理時間 **6**分

インド料理と
中華の融合!?

煮込みハンバーグ

調理時間 **7**分

おいしいと評判のハンバーグ屋さんで、ハンバーグの作り方の撮影したことがあります。ボウルで具材を混ぜたら、ペタペタと手で空気を抜いて形を作る。撮りながら一種の絶望感が…。オレには難しい、無理だ、作れない…。おいしいハンバーグの作り方を伝えるために写真を撮っている本人が、こんな気持ちになってしまい申し訳ないのですが…。市販のハンバーグを使えば簡単で、フライパンのまま食卓に運べばずっと熱々です。

材料（1人分）

- ハンバーグ（市販の加熱済みのもの）……2枚
- 玉ねぎ……1/2個
- マッシュルーム（水煮缶）……4～5個
- にんじん……2cm
- ブロッコリー……2～3房
- **A**
  - 水……100ml
  - トマトケチャップ……大さじ1･1/2
  - ウスターソース……大さじ1/2
  - コンソメスープの素（顆粒）……小さじ1/2
- サラダ油……小さじ2

作り方

1 玉ねぎは薄切りにし、マッシュルームは半分に切る。にんじん、ブロッコリーは食べやすい大きさに切り、電子レンジで加熱して火を通しておく。

2 フライパンにサラダ油を弱火で熱し、玉ねぎ、マッシュルームを入れて炒め、**A**を加える。沸騰したらハンバーグを加えて蓋をし、2分ほど煮込んで火を止める。ブロッコリー、にんじんを添える。

ズボラ料理
だけど豪華に
見えます

トマトソースのハンバーグ

材料と作り方　　調理時間 **6**分

しめじ1/4パックは石づきを切り落としほぐす。玉ねぎ 1/4個は薄切り、トマト1/2個はくし形に切る。フライパンにサラダ油小さじ1を中火で熱し、切った野菜を入れて炒め、しんなりしたらトマトケチャップ・中濃ソース各大さじ1を加えてさっと和え、火を止めて一度取り出す。フライパンをさっと拭き、市販の加熱済みハンバーグ2個（おすすめはマルシンハンバーグ）を入れて弱火で両面焼く。焼き上がったら取り出した野菜をハンバーグの上にのせる。

POINT マルシンハンバーグはラードつきなので油は不要ですが、別のものを使う場合は油をひいて焼いてください。

大学3年、
板橋の下宿
時代の味です

いわし缶のどぜう鍋風

材料と作り方　　調理時間 **12**分

ごぼう20cmはささがきにする。フライパンにいわし（水煮）缶1缶、ごぼう、しょうが（薄切り）1かけ分、いわしを順に入れ、麺つゆ（3倍濃縮）25ml、水125mlを加えて蓋をし、弱火で加熱する。ごぼうに火が通ったら火を止め、長ねぎ（小口切り）10～15cm分をのせる。好みで七味唐辛子適宜をふる。

POINT どぜう鍋にハマった時期があり、浅草の有名店に何度も通いました。どじょうも江戸っ子の手にかかると粋な料理になるんだと感心しました。その味を目指して。固形燃料を使って作っても（P108参照）。

どじょうは手に
入りにくいけど
いわし缶なら

義父のコンビーフポテト

材料と作り方　　調理時間 **7**分

じゃがいも1個は7mm四方の棒状に切り（または冷凍ポテト）、サラダ油小さじ1を弱火で熱したフライパンで炒める（蓋をすると早い）。火が通ったらコンビーフ缶50gを加え、ほぐしながら炒める。味をみながらオイスターソース適量（またはトマトケチャップ）を加える。

POINT 妻の父親が学生時代に食べていたという味を再現。昔も今も学生はフライパン料理にいそしんでいたのだと実感した一品。ある意味、懐かしき昭和の味です。

コンビーフという
唯一無二の
缶詰のために

串なしねぎま

材料と作り方　　調理時間 **5**分

長ねぎ1本は3cm幅に切り、サラダ油小さじ1/2を弱火で熱したフライパンで炒める。長ねぎがやわらかくなってきたら、一度火を止め、焼き鳥（しょうゆ味）1缶（70g）をタレごと加える。弱火にかけてタレと長ねぎをよく絡める（焼き鳥缶を入れるときに油がはねやすいので注意。調理中も油飛びするので、必要に応じて蓋をする）。好みで七味唐辛子適宜をふる。

POINT 焼き鳥は正直、お店で焼きたてを食べるのが一番だと思いますが、深夜の自宅では缶詰で妥協。これはこれでおいしい。

缶詰が
あれば素早く
作れる

肉まん焼き

調理時間 **5**分

肉まんは、そのまま食べてももちろんおいしいですが、ときには違う感覚で食べても楽しいです。思い切ってフライパンに押しつけて焼いてみてください。ふわふわ生地が、ピザのようなカリカリ&コシのある生地に大変身。実はこれ、台湾で人気の「牛肉餡餅」というファーストフードなのです。何度も台湾に行きましたが、現地では大人気。旅での味を思い出して作りました。あんまん、ピザまんでもおいしいです。

材料（1人分）
- 肉まん（市販）……1個
- 白炒りごま……適量
- サラダ油……小さじ2

作り方

1. 肉まんは袋の記載通りに電子レンジで加熱し、裏紙をはがす（コンビニの肉まんは加熱なしでOK）。
2. フライパンにサラダ油を弱火で熱し、白炒りごまを散らし、肉まん上部を下にして入れ、フライ返しで押しつけながら焼き、きつね色になったら裏返し、裏面も同様に焼く。

個人的には少しずつちぎって、辛子じょうゆをつけて食べるのが好きです。

台湾の人気
ファーストフード
を再現

ふやけた
せんべいの食感が
たまりません

煮せんべいスープ

材料と作り方　　調理時間 **5**分

フライパンに水300ml、麺つゆ（3倍濃縮）大さじ1を入れて火にかけ、沸騰したら溶き卵1個分を流し入れ、揚げせんべい大1枚（またはしょうゆせんべい）を真ん中に入れる。せんべいがふやけてきたら火を止め、万能ねぎ（小口切り）適量を散らす。

POINT パン粉の代わりに砕いたせんべいを使うなど実は食材としても活用できることを料理家さんの撮影中に知りました。せんべい汁的にスープの具として使ってみました。

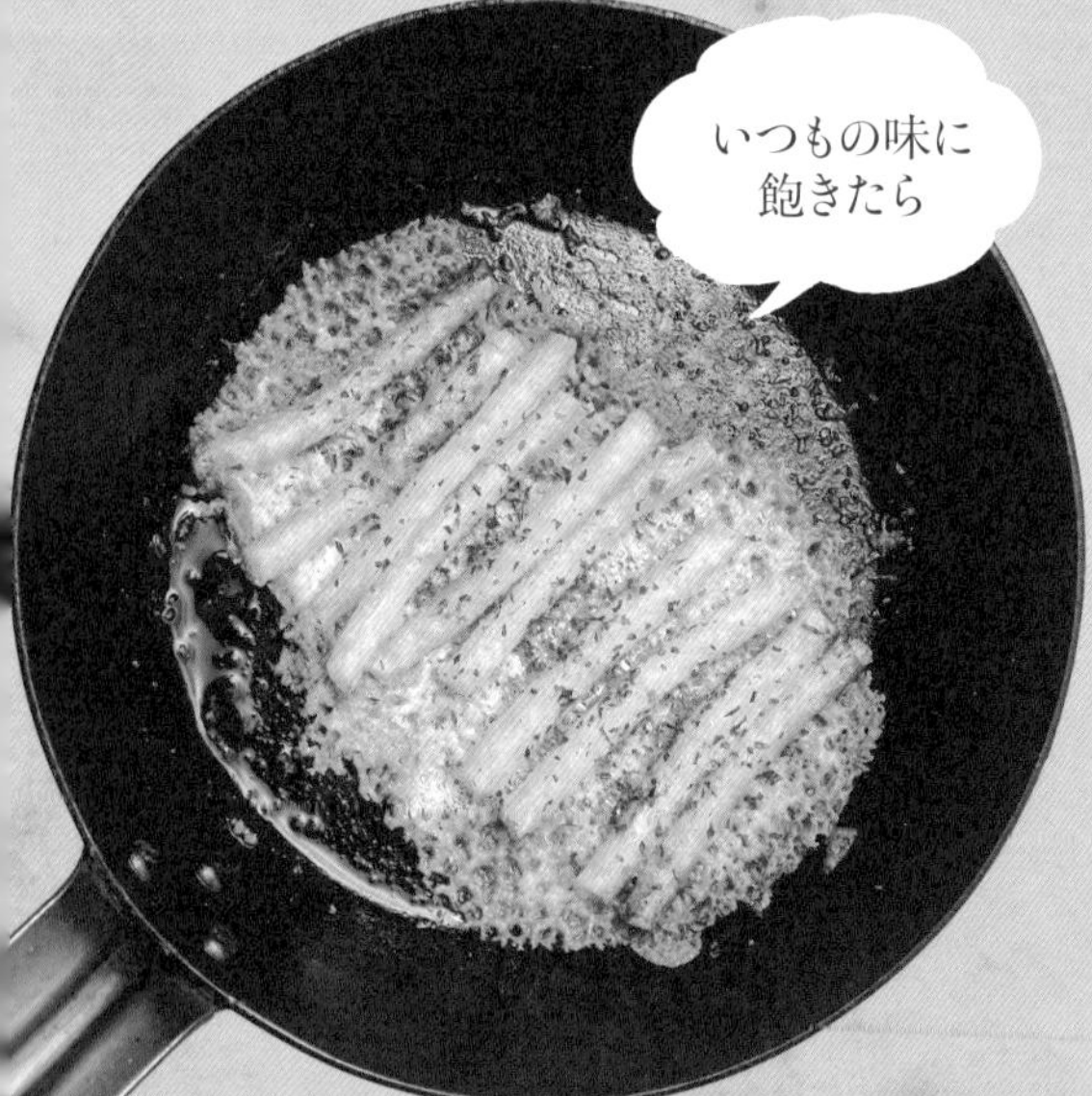
いつもの味に
飽きたら

じゃがりこ せんべい

材料と作り方　　調理時間 **5**分

フライパンにサラダ油小さじ1を弱火で熱し、ピザ用チーズ30gを円形におき、上にじゃがりこ（好みの味）10本ぐらいを並べて加熱する。余分な油が出てくるのでペーパータオルで拭き取り、チーズがきつね色になったら火を止める。乾燥パセリ適量、こしょう少々をふる。

POINT こびりつきやすいので、鉄フライパンよりフッ素樹脂加工のフライパンがおすすめ。

スナック菓子と
侮るなかれ。
今日から立派な
惣菜です

いきなり
ベーコンポテチ

材料と作り方　　調理時間 **6**分

ベーコン1枚は1cm幅に切り、油をひいていないフライパンでカリカリになるまで弱火で炒める。バター10gを加えて溶かし、ポテトチップス（好みの味）40gを加えてさっくり和え、酒大さじ2を加えて蓋をし、30秒ほど加熱する。蓋を取って強火で混ぜ、少し焦げ目がついたら火を止める。好みで乾燥パセリ少々をふる。

POINT 農家で教わったジャーマンポテトは、僕には手順が面倒すぎました。ならばポテトチップスで…。ストックしておけば、速攻で作れます。

あたりめの
しっとり酒蒸し

材料と作り方　　調理時間 **5**分

フライパンにサラダ油大さじ1を中火で熱し、にんにく・しょうが（粗みじん切り）各1かけ分を入れてさっと炒め、あたりめ1つかみ（25g）を加えてさらに炒める。酒大さじ3を加えて蓋をし、水分が飛ぶまで蒸し焼きにする。しょうゆ小さじ1/2をたらして火を止め、長ねぎ（粗みじん切り）1/3本分、赤唐辛子（小口切り）1本分をのせる。

POINT ぬれせんべいがおいしいように「ぬれあたりめ」もいけるんじゃないかと考案。ある料理家さんはあたりめを食感的に「海のごぼう」と表現していました。冷めてもおいしいです。

深夜、
酒の肴に困った
ときに秒速で
作れます

Column

THE 一品焼き

とにかく簡単に作りたいときや、あと一品欲しいときなどにおすすめな、メイン食材一つでできる、簡単料理をご紹介。3～6分で作れるものばかりだから、パパッと作って召し上がれ。

お好みの
マヨをつけて！

アスパラ＆マヨ３種

この料理の最大の特徴はアスパラを焼くことではありません。むしろマヨネーズを焼くことが重要です。焼きマヨの味わいは、いつもの生マヨとはちょっと違います。

材料と作り方　　調理時間 **5**分

グリーンアスパラガス3～4本は根元の固い部分をピーラーで薄くむく。フライパンにオリーブ油適量を弱火で熱し､アスパラを炒める。アスパラに火が通ったら､マヨネーズ適量を３か所に絞り、粗びきこしょう・七味唐辛子・しょうゆ各適量を１種類ずつかける。

表面をよく焼いて
香ばしさを堪能

焦がししょうゆ豆腐

フライパンの強みは、いろんなものを手早く「焦がせる」ことだと思います。鍋料理ではこうはいきません。しょうゆの焦げたあの香りは悩殺ものです。最強の調味料は香りです。

材料と作り方　　調理時間 **5**分

木綿豆腐1/2丁は厚みを半分に切り、ペーパータオルで水けを拭き取る。フライパンにごま油大さじ1を中火で熱し、豆腐を入れて両面に焼き色をつける。鍋肌からしょうゆ適量を回し入れて火を止め、白炒りごま少々を散らし、かつお節適量をのせる。

カミナリこんにゃく

このレシピは学生時代に先輩から教わりました。「なぜカミナリ？」と聞くと、焼くときに「ジャー」って大きな音がするからだそう。下宿先で友人達と飲むときに必ず作った、酒の肴です。

材料と作り方　　調理時間 **6**分

こんにゃく2/3枚はスプーンで一口大にちぎり、塩適量で揉んで水洗いし、ペーパータオルで水けを拭き取る。フライパンにサラダ油小さじ２を中火で熱し、こんにゃくを入れて炒める。焦げ目がついたら弱火にし、砂糖・酒・しょうゆ各小さじ2、赤唐辛子（小口切り）1本分を加えて軽く炒める。

ミニトマトのイタリアン焼き

イタリアンの店での撮影は数え切れず、イタリアで修業してきた何人もの名シェフの顔が浮かびます。このレシピを見せたら絶対笑われるだろうな、怖い怖い。でもおいしいんです！

材料と作り方　　調理時間 **5**分

フライパンにオリーブ油大さじ2、にんにく（粗みじん切り）2かけ分を入れて弱火にかけ、フツフツとしてきたらミニトマト1パックを加える。中火にして軽く炒め、塩少々をふって蓋をし、フライパンをときどき揺すりながら1分ほど加熱する。火を止め、バジル適宜をのせる。

味がよく染みて
美味！

焼きしいたけ

しいたけの笠自体が蓋なんだよ、と撮影で教わったことがあります。身を蒸してくれ、ヒダヒダに味も染みていきます。なので決して、笠を裏返して焼いてはいけません。

材料と作り方　　調理時間 **5**分

フライパンに水大さじ2、酒・みりん各大さじ1、砂糖小さじ1・1/2、しょうゆ小さじ1を入れ、軸を切り落としたしいたけ5枚を並べ入れる。弱火にかけて蓋をし、3～4分蒸し焼きにする。水溶き片栗粉を少量加え、タレにとろみがついたら、しいたけに絡める。

シンプルに
召し上がれ

蒸しエリンギ

八ヶ岳でマツタケ狩りの撮影をしたことがあります。地元の人は、軽く蒸したマツタケをスライスし、まるで刺身のように食べていました。あの味が忘れられなくて、エリンギで再現してみました。

材料と作り方　　調理時間 **4**分

エリンギ1本は手で縦に4つ割りにする。フライパンに深さ1cmほどの水を入れ、丸網をおいてエリンギを並べ、蓋をし、強めの弱火にかけて3分ほど蒸す。柚子こしょう（またはわさび）・しょうゆ各適量をつけていただく。

稲荷ずしのお焼き

にんじん畑の撮影で北海道に行ったとき、屋台の飲み屋に入りました。そこでは稲荷の油揚げを裏返してコロッケの衣に使っていました。それをヒントに焼いてみました。

材料と作り方　　調理時間 **5**分

フライパンにサラダ油小さじ１を弱火で熱し、稲荷ずし（市販）３個を並べる。焦げ目がつくまでじっくり焼き、好みで七味唐辛子適量をふる。

コンビニの
稲荷ずしを
変身させる

ザワークラウト＆フランクフルト

ビールが進む
一品！

ドイツにこのような料理があるかは分かりませんが、気分はドイツ風に。温めたザワークラウトもおいしいです。フライパンが冷めきるまでの十数分、至福のビール時間を約束します。

材料と作り方　　調理時間 **5**分

フランクフルト（ジョンソンヴィル）１本は格子状に細かく浅く切り込みを入れ、サラダ油小さじ１を中火で熱したフライパンで焼く。切り目が開き、こんがりと焼き色がついたら、火を止めて、ザワークラウト（市販）をどっさりと添える。お好みで粗びき黒こしょう少々をふる。

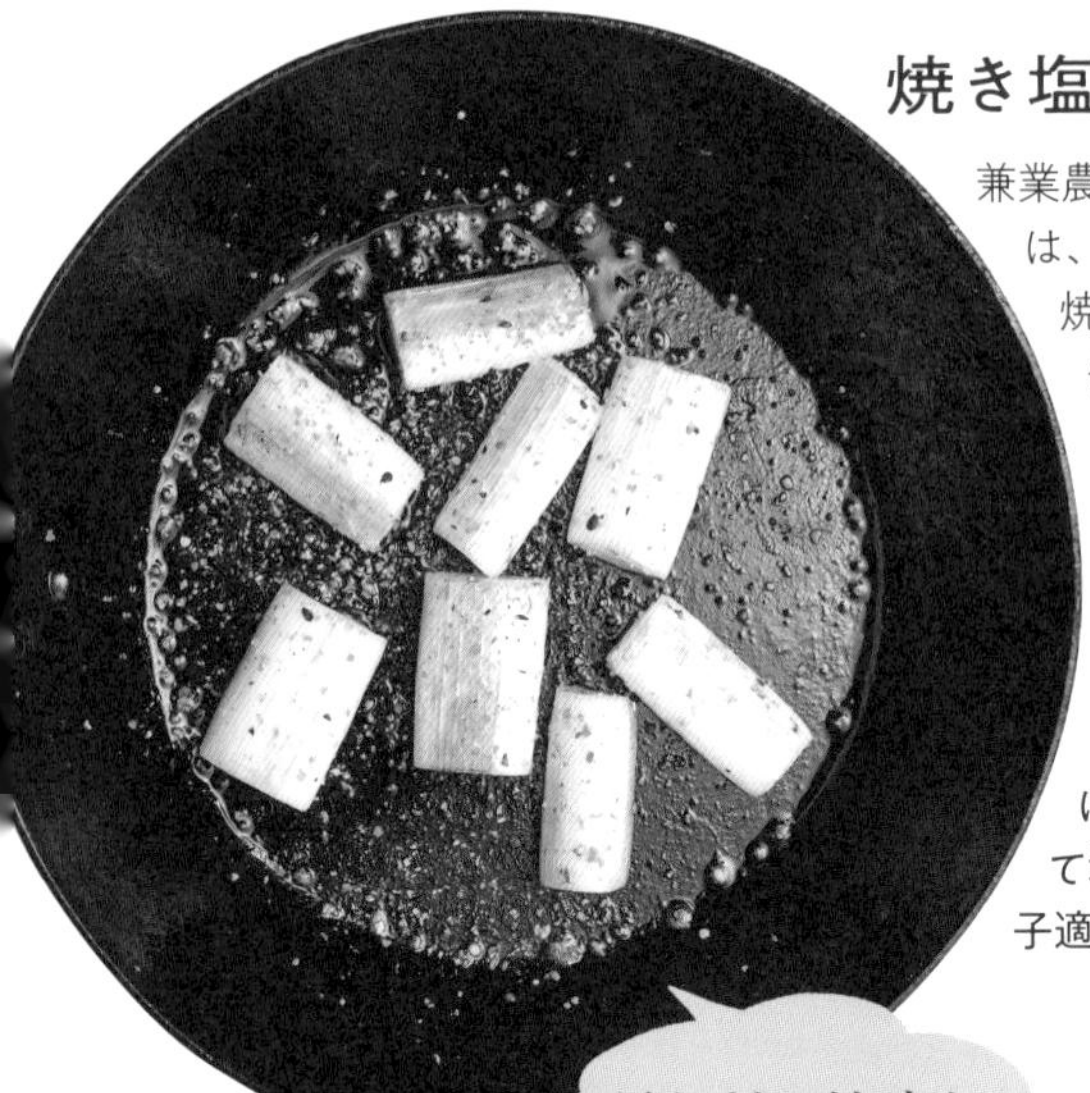

焼き塩ねぎ

兼業農家の実家から送られてくる長ねぎは、なぜかとても辛みが強いですが、焼いてみるといい感じに甘味が出てきました。市販の長ねぎならもっと甘くなります。

材料と作り方　調理時間 **3**分

長ねぎ1本は3～4cm長さに切る。フライパンにサラダ油小さじ1/2を弱火で熱し、長ねぎを入れて軽く焦げ目がつくまでじっくり焼く。火を止めて塩少々をふり、さっと絡め、七味唐辛子適量をふる。

長ねぎの甘味を
感じて

Column

何を作っていいか
迷ったら、ねぎの
存在を思い出して

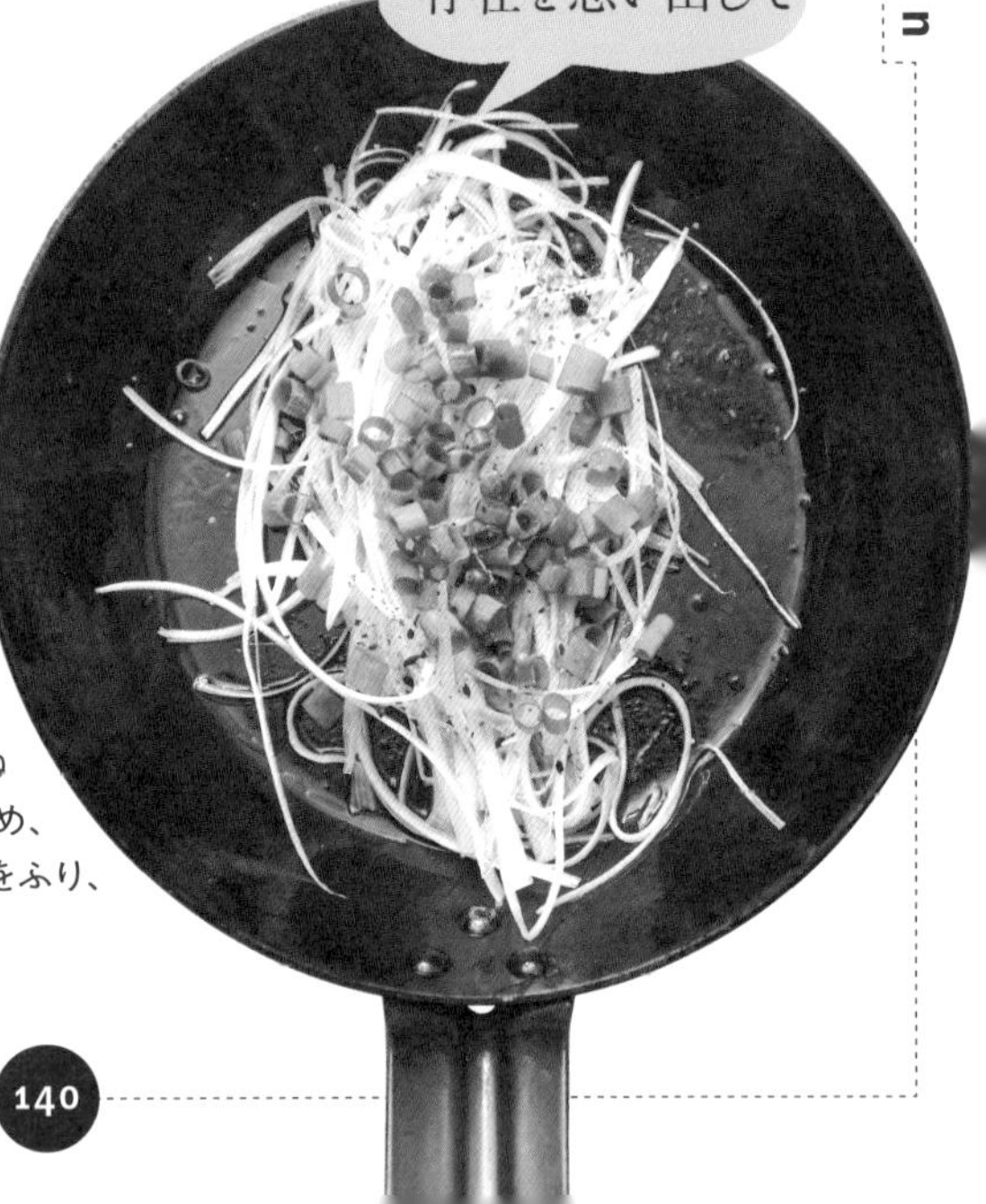

長ねぎの一瞬炒め

園芸雑誌で頻繁にねぎを撮る時期がありました。「薬味にもなるし、主素材にもなるし、その中間も狙える」と実感。嗚呼、こんな野菜がほかに存在しているでしょうか！

材料と作り方　調理時間 **3**分

長ねぎ20cmは縦に細く切る。フライパンにごま油大さじ1を中火で熱し、長ねぎを入れて30秒ほど炒める。 火を止め、しょうゆ適量をたらし、七味唐辛子適量をふり、万能ねぎ（小口切り）適量を散らす。

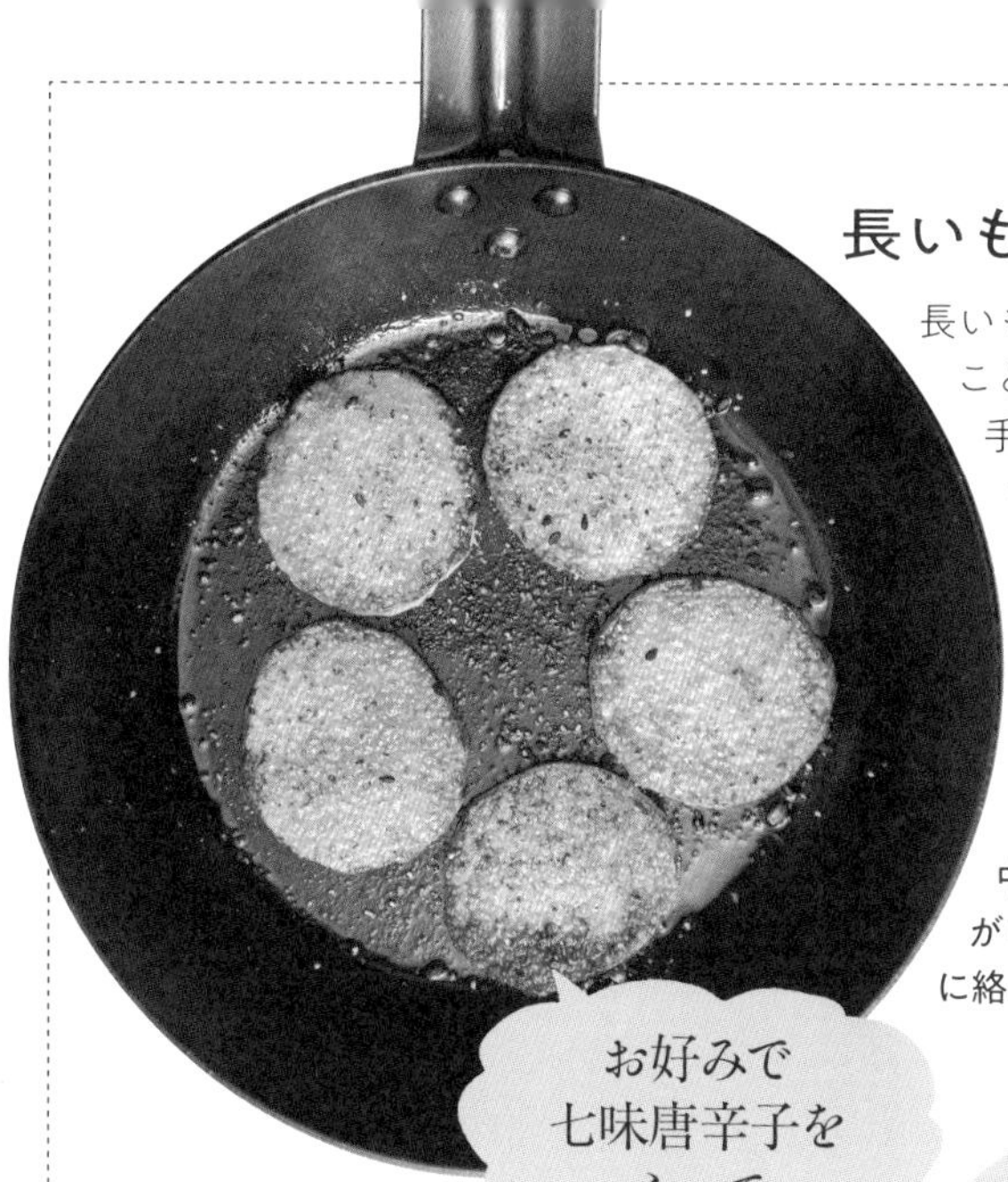
お好みで
七味唐辛子を
ふって

長いもの焦がししょうゆ

長いもって妙な長さで少し余っちゃうことありませんか？すり鉢でも持ち手部分は最後まですれないし。そんなときはこのレシピの出番。長いもと焦げたしょうゆの香りがたまりません。

材料と作り方　　調理時間 **4**分

長いも4cmは7~8mm幅の輪切りにする。フライパンにサラダ油適量を中火で熱し、長いもを入れて両面こんがりと焼く。しょうゆ適量を加え、両面に絡め、七味唐辛子適宜をふる。

じゃがいもの
ゴロゴロ焼き

じゃがいもは火が通りにくいのでここでは電子レンジの力を借ります。フライパンの仕事はおいしそうな焼き目をつけることと、余熱の効いたお皿になってもらうことです。

バターとハーブの
風味が◎

材料と作り方　　調理時間 **5**分

じゃがいも１個は皮をむかずに８等分に切り、耐熱ボウルに入れてラップをし、電子レンジで３分加熱する。フライパンにバター10gを入れて中火にかけ、ローズマリー１枝、じゃがいもを入れて焼く。じゃがいもの断面にこんがりと焼き色がついたら、塩少々をふる。

さくいん

料理・写真・文

ふらいぱんコバQ（小林キユウ）

日本で唯一（おそらく）のフライパン専門の料理家。本業は料
理カメラマン。下町グルメから三ツ星レストランまで一万数
千皿を撮影してきた経験を生かし、門前の小僧だから作れ
る独特レシピが持ち味。座右の書は「調理場という戦場」（斉
須政雄著）。調理場という戦場カメラマンを自負する。長野県
生まれ。

インスタグラム @frypan_sara

Staff
デザイン
三木俊一＋高見朋子（文京図案室）
イラスト
平澤朋子
編集協力／執筆協力
丸山みき（SORA企画）
編集アシスタント
岩本明子（SORA企画）
編集担当
齋藤友里（ナツメ出版企画）

ナツメ社Webサイト
https://www.natsume.co.jp
書籍の最新情報（正誤情報を含む）は
ナツメ社Webサイトをご覧ください。

フライパンひとつで作る！　速攻レシピ101

2021年3月30日　初版発行

著　者	ふらいぱんコバQ（小林キユウ）	©Frypan-KobaQ-Kobayashi Kiyu.2021
発行者	田村正隆	

発行所　株式会社ナツメ社
　　　　東京都千代田区神田神保町1-52　ナツメ社ビル1F（〒101-0051）
　　　　電話　03（3291）1257（代表）　　FAX　03（3291）5761
　　　　振替　00130-1-58661

制　作　ナツメ出版企画株式会社
　　　　東京都千代田区神田神保町1-52　ナツメ社ビル3F（〒101-0051）
　　　　電話　03（3295）3921（代表）

印刷所　広研印刷株式会社

ISBN978-4-8163-6993-3　　　　　　　　　　　　　　Printed in Japan